Creative thinking and intellectual property

창의적사고와
지식재산

유태방 지음

박영사

머리말

　지금까지 살아온 저의 인생을 돌아보며 창조주와 사회로부터 참 많은 은총과 혜택을 받고 누리며 살아왔다는 생각이 들었습니다. 그래서 앞으로의 남은 인생은 감사하며 살아야겠다는 다짐과 함께 제가 기업에서 경험한 내용과 대학에서 강의한 내용들을 조그마한 지식일지라도 한번 정리해 보아야겠다는 개인적인 목표를 세웠습니다. 이 책은 이러한 목표의 실행 결과물로 나오게 되었습니다.

　오늘날 우리는 더 이상 암기지식이 필요 없는 시대를 살고 있습니다. 스마트폰과 함께 생활하는 우리에게 이제 일상의 삶 속에서 전화번호를 외우는 일은 더 이상 일어나지 않는 먼 옛날 이야기가 되어 버렸습니다.

　앞으로도 기술의 발전에 따라 과거의 지식을 필요로 하는 분야에서는 인공지능(AI)이 우리보다 더 다양하게 훨씬 파워풀한 능력을 갖고 대신할 수 있을 것처럼 보입니다. 그러나 이러한 시대에 창조주가 인간만이 발휘할 수 있는 능력을 주신 게 있는데 그것이 바로 미래를 향한 창의적인 사고라고 생각합니다.

　창의적인 사고는 빠르게 변화하며 발전하는 문명 속에서 인류가 생존하며 지속적으로 발전할 수 있는 출발점이며 인공지능(AI)과의 차별점이라고 해도 과언이 아닙니다.

　본서에서는 이러한 창의적인 사고로부터 출발하여 이를 법률적으로 보호하는 제도 그리고 창의적인 사고의 결과물을 활용하는 방법 등까지 일련의 비즈니스 프로세스상에서 독자들에게 꼭 필요한 내용들을 학술적인 측면과 함께 저자가 현장에서 직접 경험한 내용을 바탕으로 쉽게 이해할 수 있도록 체계적으로 정리하였습니다.

　그리고 대학교에서도 3부로 구성된 본서의 내용을 필요에 따라 선택하여 다양하게 한 학기 혹은 두 학기 과정의 커리큘럼을 기획하여 교재로 활용할 수 있도록 하였습니다. 그래서 특허 이외에 지식재산권 관련한 상표, 디자인, 저작권 내용을 추가하여 부록으로 구성하였습니다.

이 책이 나오기까지 집필에 전념할 수 있도록 자상하게 배려해준 사랑하는 아내에게 먼저 감사하고 편집과 교정과정에서 세심하고 꼼꼼하게 내용을 살펴 준 박영사의 장유나 차장님과 관계자분들에게도 감사드립니다. 그리고 출판과 관련하여 여러 가지 조언과 안내를 해주신 아주대학교의 차완규 교수님과 배재 대학교의 이지은 교수님에게도 깊은 감사를 드립니다. 이외에도 기도해주신 목 사님 등 정말 많은 분들의 따뜻한 응원이 있었기에 이 책의 출간이 가능했다고 생각하며 감사드립니다.

2024년 2월 2일
저자 유 태 방

여호와를 경외하는 것이 지혜의 근본이요...
잠언 9:10

C O N T E N T S

PART II

지식재산 – 특허의 창출· 보호·경영 / 149

제 2 장

특허의 창출   164

제 4 장

지식재산 경영   236

PART

III

부록: 재미있는
지식재산권
이야기 / 263

I

창의적 사고

제1장

창의적 아이디어 발상

창의적 사고 왜 필요한가? – 적응력과 창의성

인류의 역사는 10의 n승에 준하여 변화하며 발전해 왔다고 한다. 1만년을 기준으로 사회가 변하고 발전하던 시대부터 시작하여 1천년, 1백년 단위로 그리고 우리는 10년이면 강산이 변한다는 시대를 거쳐 이제 1년도 아닌 바로 뒤 돌아보면 변해있는 사회에 살고 있다.

현재 우리는 이처럼 급격한 변화의 시대에 살고 있다. 과거의 변화와는 속도가 다르며, 또한 변화의 폭과 깊이에 있어서도, 일찍이 경험해보지 못했던 그러한 환경의 변화 속에 살고 있다.

그림 1-1-1 환경변화 – 인공지능(AI)과 COVID 19 출처: https://commons.wikimedia.org/, by Cameron Butler, by Streunerich, by Rahel Wachs (CC BY-SA)

몇 년 전에는 인공지능(AI)으로 무장한 알파고와 프로 바둑기사 이세돌과의 대국이 세간의 관심을 끈 적이 있었다.

인공지능시대에는 더 이상 개인이 가진 암기지식의 양은 별 의미가 없어진다. 우리는 평생을 살아가면서 자기 자신을 수시로 개발해야 된다는 사실을 깨달아야 한다.

현재는 COVID-19라는 상황을 지나 인류가 지금까지 경험해 보지 못 했던 새로운 변화의 터널을 지나고 있다. 지금의 환경변화는 단순한 변화라기보다는 차라리 진화라는 표현이 어울린다. 마치 살아있는 생물체에서 언제든지 다른 형태로 변화하는 형식이다. 따라서, 지금의 변화는 복잡하고 다양한 원인에 의해 발생되어 우리에게 다가오기 때문에, 우리로 하여금 예측을 불허하게 만든다.

어떤 대변혁이 찾아올지 아무도 모른다. 우리는 이러한 불확실성의 시대에 살아남기 위하여 변화에 적응하고 극복할 수 있는 능력이 필요하다. 이것이 바로 환경변화에 대한 적응력이다.

지구상에서 가장 오래된 동물은 2010년 기네스북에 등재된 투구 올챙이 새우(Triops tadpole shrimps)라고 한다. 일명 올챙이 새우라고도 하는데, 작은 민물 갑각류로 길이는 불과 몇 센티미터에 불과하고 크게 자라도 10~12 센티미터라고 한다. 2억5천만년 전의 투구새우가 그렇게 오래 살아남은 이유는 생존에 잘 적응했기 때문이라고 하는데 자손을 낳아서 보호 껍질로 덮인 배아상태에서 몇 년 동안 유리한 조건이 나타날 때까지 기다릴 수 있다고 한다.

지구상에서 가장 오래된 나무는 3억5천만년을 살아온 은행나무로 동식물 대부분이 멸종한 빙하기를 거치고도 은행나무는 살아남았기 때문에 '살아있는 화석'으로 알려져 있다. 그래서 은행나무는 고생대 나무의 모습을 알 수 있는 귀한 생물이다.

인류의 역사를 뒤 돌아 보면 머리 좋고 힘이 쎈 강한 종이 살아남은 것이 아니다. 힘이 세고 덩치가 컸던 공룡은 흔적만 남기고 사라졌다.

환경변화에 잘 적응한 종만이 살아남았다.

가히 환경변화의 속도뿐만 아니라 변화의 폭과 깊이도 상당한 시대에 우리가 살고 있음을 알 수 있다.

이러한 환경변화에 잘 적응하여 살아남으려면 우리에게 무엇이 필요할까? 미래의 환경변화에 따른 불확실성은 우리에게 정답이 없는 수많은 질문을 던지면서 다가오고 있다.

여기에서 우리가 살아남기 위해서 필요한 것이 바로 창의성이다. 창의적인 사고이다.

그림 1-1-2   양평 용문사 은행나무[1]   출처: 문화재청 국가문화유산포털 (공공누리 제1유형)

---

1   문화재청 국가문화유산포털 https://www.heritage.go.kr/heri/cul/culSelectDetail.do?ccbaKd
    cd=16&ccbaAsno=00300000&ccbaCtcd=31&pageNo=1_1_1_0
    경기도 양평군 용문면 신점리 용문사에 있는 은행나무. 천연기념물 제30호. 높이 60m이고, 수령
    은 1,100년으로 추정되는 노거수이다.

창조주와 자연 – 결합과 재탄생

1. 해 아래 새로운 것은 없다.

창의성이란 무엇인가? 우리는 창의성을 생각할 때 무엇인가 새로운 것을 만들어 내야만 창의력을 제대로 발휘한다고 생각한다. 그러나 이러한 사고 때문에 오히려 우리 스스로 창의적 사고에 대한 장벽을 만들어 접근하기 어렵게 만든다. 이것은 우리 인간의 사고를 스스로 제한하므로 역설적으로 창의적인 사고를 못하게 만들 뿐이다.

우리는 창의성에 대한 시각을 바꾸어 생각해 볼 필요가 있다.

지혜로운 판결로 잘 알려진 솔로몬 왕은 Bible에서 '해 아래에는 새것이 없다 (There is nothing new under the sun).'라는 것을 인생 교본이라고 하는 전도서 1장 9절을 통해서 이미 고백하였다.

그런데 창의적인 발명기술과 문화가 잘 발달한 미국에서는 1981년 대법원 판례(Diamond v. Diehr)를 통해 특허를 받을 수 있는 대상을 인간에 의해 만들어진 태양 아래 모든 것(Anything under the sun that is made by man except)을 대상으로 폭넓게 인정하였다.

위의 두 가지 사실로 추리해보면 결국 창조주가 만들어 놓은 것을 빼고는 엄밀히 말하면 새로운 것이 아님에도 불구하고 인간들이 새로운 것으로 간주한다고 볼 수 있다.

새로운 것이 아니라 새로운 것으로 간주하는 것이다.

여기서 1948년 노벨문학상을 수상한 시인 T. S. 엘리엇(Eliot)의 말을 들어보자. 그는 "훌륭한 시인은 훔쳐온 것들을 결합해서 완전히 독창적인 느낌을 창조해내고 애초에 그가 어떤 것을 훔쳐왔는지도 모르게 완전히 다른 작품으로 탄생시킨다."라고 하였다.

다시 말하면 창조주가 만들어 놓은 것들을 결합해서 완전히 다른 것들로 만들어, 의미를 부여하여 새로운 것으로 간주되게 만드는 것이 창의성인 것이다.

즉 창의성은 우리가 전통적으로 알고 있었던 없는 것(無)에서 있는 것(有)을 창조하는 능력이 아니라 있는 것(有)과 있는 것(有)을 결합하는 것이다.

이 세상에서 진정한 의미의 창의력을 발휘할 수 있는 능력은 오직 창조주만이 보유하고 있으며 우리는 단지 그것을 찾아서 결합하여 활용하면 되는 것이다.

창조주가 창의력을 발휘하여 만들어 놓은 걸작품이 우리가 사는 자연이라는 공간세상이다. 우리가 자연 속에 숨겨진 이 보물을 다시 찾아(Research) 현실 속에서 가장 잘 맞는 해답이 되도록 재결합시켜 보는 것(Develop)이 창의적 사고이다.[2]

2. 창조주의 보물 작품을 결합시켜라.

창조주의 걸작품인 자연에서 보물을 찾아 결합시키며 배워야 할 것들이 우리 주변에는 참 많이 있다.

물속에 사는 물고기도 자세하게 살펴보면 아주 특별한 구조를 갖고 있다. 물고기는 손발이 없지만 물속에서 움직이는데 불편함이 없도록 가장 최적화된 크기와 형상의 지느러미를 갖고 있다.

물고기는 가슴지느러미, 꼬리지느러미, 등/배 지느러미를 갖고 있는데 각각 크기와 형상이 다르다.

---

2 박영택, 박영택 창의발상론, 한국표준협회미디어, 2016, p.16

꼬리지느러미는 가슴지느러미의 5배 이상의 큰 면적을 갖고 있다. 이것은 각 지느러미의 기능과 역할이 다르기 때문이다. 꼬리지느러미는 앞으로 나가는 직진 기능을 담당하고, 가슴지느러미는 뒤로 가는 후진 기능의 역할을 담당하고 있기 때문이다. 우리도 일상생활 속에서 앞으로 가는 것은 빨리 갈 필요가 있지만 뒤로 물러나는 걸음은 그렇게 빨리 할 필요가 없듯이 물고기도 마찬가지이다.

한편 등지느러미와 배지느러미는 각각 수직, 수평 유지와 상승, 하강 때 필요하다. 이것은 마치 꼬리지느러미와 가슴지느러미가 자동차의 5단과 후진 기어에 해당하고 등지느러미와 배지느러미가 핸들에 해당하는 것과 같다.[3]

물고기는 창조주의 작품이고 자동차는 인간의 작품인데, 자동차를 다시 살펴보면 물고기의 지느러미 역할을 하는 기어 및 핸들과 엔진 등의 결합물인 것이다.

그림 1-1-3 물고기 지느러미와 자동차 변속기

출처: https://commons.wikimedia.org
Public domain

인간의 귀는 주변에서 들려오는 소리를 잘 들을 수 있도록 일정한 규칙에 의해 형상이 만들어져 있다고 한다. 또한 우리가 자연에서 볼 수 있는 솔방울도 같은 공간에서 최대한 씨앗을 많이 품을 수 있도록 식물의 씨앗마저도 일정한 규칙을 따른다고 한다. 이것뿐만 아니라 우리가 살고 있는 지구 밖의 우주공간도 창조주는 아름답고 정교하게 만들었을 것이다. 이러한 규칙은 수학적으로 보면 피보나치 수열을 따른다고 하는데, 피보나치 수열은 연속된 숫자에서 현재의 숫

---

3   박재환, 어느 과학자의 생명이야기, 쿰란출판사, 2012, p.54

자는 바로 앞 숫자 2개의 합(0, 1, 1, 2, 3, 5...)으로 이루어진다.[4]

창조주의 작품 속에 존재하는 이러한 피보나치 수열뿐만 아니라 이외에도 신의 보물을 찾아 인간이 다른 것과 결합시켜 새로운 의미를 부여하여 새롭게 간주되도록 만든 것들이 많이 있다.

창초주의 Original 작품	인간의 결합물 작품
피보나치 수열	파르테논 신전 등의 건축물
도꼬마리 씨	찍찍이 - 벨크로
귀의 평형감각 기능	항공기 운항 시스템 3D 자이로 스코프
육각형 구조의 벌집	공사장의 안전 철근 구조물

표 1-1-1 창조주의 작품과 인간의 결합물 작품

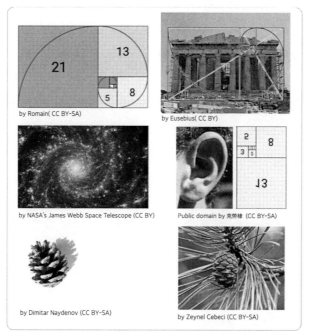

그림 1-1-4 창조주의 작품과 인간의 결합물 작품   출처: https://commons.wikimedia.org

---

4 서현교, "어디어디 숨었나? - 피보나치 수열", <KISTI의 과학향기> 제281호 2005년 4월 27일.

아이디어와 발명 – 재발견

1. 정보의 공유속도와 아이디어의 가치

우리가 살고 있는 이 시대는 통신기술과 문화산업의 발전이 아이디어의 경제적 가치를 폭발적으로 증가시킨다. 즉 인터넷과 SNS의 발달로 정보의 공유속도가 엄청 빨라져 좋은 아이디어는 시장에서 소비자의 흡인력을 폭발적으로 증가시켜 아이디어의 경제적 가치를 순식간에 높여놓는다. 우리는 이러한 아이디어 기술이 적용된 제품을 우수한 발명품이라고 부른다.

이렇게 시장에서 통하는 아이디어를 완성시키려면 아이디어에 대한 개념을 어떻게 이해하고 접근하여, 시장에서 통하는 발명으로 발전시켜 나가야 하는지 살펴보고자 한다.

2. 아이디어와 발명의 차이점은 무엇일까?

아이디어는 우리의 머릿속에 머물러 있는 개념(Concept)의 상태이다. 아직 구체화 되어 있지 않은 상태이다. 그러면 발명과는 어떻게 다른가? 조금 더 쉽게 이해하기 위하여 발견과 발명을 먼저 비교해 보자. 발견은 우리가 잘 아는 대로 국어사전에 "미처 찾아내지 못하였거나 아직 알려지지 아니한 사물이나 현상, 사실 따위를 찾아내는 것"이라고 되어 있고, 발명은 "아직까지 없던 기술이나 물건을 새로 생각하여 만들어 내는 것"으로 되어 있다. 그러나 여기서 우리가 앞에서 "해 아래에 새로운 것은 없다."라는 명제를 도입해 보면 발명도 전혀 새로운 것이 아닌 자연 속에서의 발견임을 알 수 있다. 즉 **발명도 일종의 자연 속에서의 재발견**인 것이다. 그래서 발명은 아이디어와 달리 자연 속의 재발견을 통해 구체적으로 완성된 것이다.

발명의 특성에 관하여는 Ⅱ부 발명의 창출·보호 편에서 더 구체적으로 자세하게 다룰 예정이다.

전통적 아이디어 발상

1. 브레인스토밍은 과연 만능인가? - 브레인스토밍의 착시

전통적인 아이디어 발상 기법 중 우리에게 잘 알려진 브레인스토밍 기법은 광고회사 임원이었던 알렉스 오스본(Alex Osbon)이 1939년에 만들었는데, 그의 저서 "사고력 강화 방법"(How to Think Up)에서 1942년에 처음 소개하였다. 1980년대 말까지는 그야말로 아이디어 개발 회의에서 각광을 받고 불길처럼 번져 나갔다. 이 방법에 의문을 제기하는 사람은 없었다. 그러나 40~50년이 지난 후 학자들은 이 방법에 의문을 품기 시작하였고, 실험을 통하여 몇 가지를 밝혀냈다.

미네소타주의 연구자들이 과학자와 3M의 광고전문가들과 실험을 했는데 8명을 각각 4명씩 A, B의 2그룹으로 나누어 아이디어를 도출하는 실험을 하였다. 즉 A그룹 4명은 브레인스토밍을 통하여 아이디어를 도출하고, B그룹은 4명이 각각 아이디어를 도출하고 중복되는 아이디어를 걸러내어 비교하였다.

그런데 이 실험에서는 각자가 아이디어를 도출한 후 중복된 아이디어를 걸러낸 B그룹이 A그룹보다 30%에서 40% 정도의 더 많은 아이디어를 도출한 결과를 내었다. 그리고 후속연구에서는 집단의 크기가 커지면 어떻게 되는지를 검증했는데 168명을 대상으로 집단의 크기를 다섯 명, 일곱 명, 아홉 명 그리고 개별적으로 나누어 실시한 결과 개별적으로 일할 때 집단으로 일한 것보다 더 높은 생산성을 나타낸다는 것도 밝혀냈다. 또한 오히려 집단의 크기가 커지면 생산성

이 점점 저하된다는 것도 증명하였다.[5]

브레인스토밍은 아이디어 도출에 있어서 양적인 확보를 위해 아이디어의 발상과 평가 시간을 분리하여 운영한다. 이를 검증하기 위하여 인디애나주의 연구자들이 학생집단에게 세 가지 서로 다른 제품의 브랜드 이름을 생각해 보라는 실험을 하였다. 집단 중 절반에게는 실험 진행 중에는 절대 아이디어의 내용을 평가하지 말라고 하였고 나머지 절반에게는 진행하는 동안에 아이디어에 대한 평가를 하여도 좋다고 허용하였다. 그리고 실험과 별개로 독자적인 심사위원들이 아이디어의 질을 평가하였는데, 비판을 금지한 집단에서는 많은 아이디어가 나왔지만 좋은 아이디어의 개수는 두 집단 모두 다 동일하였다. 즉 이것은 비판을 금지한 집단에서 오히려 나쁜 아이디어만 더 많이 도출한 것을 의미한다.[6]

위의 두 가지 실험 사실들은 전통적인 아이디어 발상에서 우리가 믿었던 브레인스토밍이 잘못된 착시 현상을 담고 있었음을 말해주고 있다. 아이디어의 양은 물론이거니와 질적인 측면에서도 결코 브레인스토밍 방식이 특별한 효과를 나타낸다고 볼 수 없다.

그러면 우리는 왜 이런 착시 현상을 일반적인 믿음으로 받아들였을까? 이는 브레인스토밍 회의의 운영기준과도 관련성이 있다고 생각한다. 브레인스토밍의 운영방식 특징은 상대방의 의견에 대한 비판을 금지하고, 이렇게 형성된 자유분방한 분위기에서 최대한의 아이디어를 모으려는 방식을 기준으로 삼고 있다.

연구자들은 브레인스토밍이 효과가 없는 몇 가지 근거를 제시하였다.[7]

첫째, 집단에 전혀 기여하지 않는 몇몇의 무임승차이다. 사람들은 심리적으로 각자의 책임이 주어지지 않는 자유로운 환경이라면 노력을 덜하고 적당히 묻어가려고 하는 심리가 발동한다.

둘째, 비판금지에 의한 염려 속에 느끼는 두려움이다. 자신이 제기한 아이디어에 대한 비판이 회의 운영기준에 의해서 원천 차단됨으로 사실 다른 사람이

---

5   Kevin Ashton, How to Fly a Horse: The Secret History of Creation, Invention, and Discovery, Doubleday, 2015. (이은경 옮김, 창조의탄생, 북라이프, 2015, p.90)

6   Kevin Ashton, (이은경 옮김), 위의 책, p.91

7   Drew Boyd and Jacob Goldenberg Inside the Box, 2013.(이경식 옮김, 틀안에서 생각하기), 책 읽는 수요일, 2014, p.72

어떻게 생각하는지를 알 수 없는 상태에서 느끼는 자신만의 두려움이다. 즉 이런 것도 아이디어라고 내다니 다른 사람에게 멍청한 인간으로 비쳐질까를 두려워하게 되는 것이다.

셋째, 생산성을 방해하는 소음이다. 사람들은 아이디어를 생각하고 있을 때 어떠한 이유에 의해서 사고의 방해를 받고 흐름이 끊어지게 되면 다시 아이디어를 부팅하기까지 새로운 시간을 오랫동안 공들여야 한다. 즉 다른 사람이 아이디어를 말하는 동안은 내 아이디어를 발표할 기회가 없을 뿐만 아니라 이로 인해 기다리다 시간이 지나면 내 아이디어의 완성도가 상실될 수 있다. 이런 측면에서 발표 대기시간은 생산성을 저해하는 소음과 같다.

2. 아이디어 발상은 결핍의 충족을 위한 인간의 욕구에서 시작

1913년, 왕립 프로이센 과학 아카데미(베를린)가 침팬지와 기타 유인원의 심리 및 생리학 연구를 위한 유인원 연구소를 설립하였다. 이 연구소에서 1913년 말부터, 심리학자 볼프강 쾰러(Wolfgang Köhler)는 비교 심리학 분야의 고전이 될 침팬지의 지능적인 행동에 대한 일련의 연구를 수행하였다. 이러한 연구과정과 결과를 그는 1921년에 '유인원의 심성-The Mentality of Apes(Intelligenzprüfungen an Menschenaffen)'이라는 책자를 통하여 침팬지의 지능적 행동에 대한 개념을 분석하고 설명하였다.

쾰러가 연구를 시작할 즈음에 7마리의 침팬지가 있었는데, 그중에서 체고(Tschego)와 누에바(Nueva)의 경우를 살펴보면 도구 사용의 중요성을 깨달을 수 있다.

충분히 자란 암컷 침팬지 체고(Tschego)는 카메룬에서의 어린 시절 성정과정은 잘 모르겠지만 이곳에 와서는 실험 시점(1914년 2월 26일)까지 1년 6개월 동안 다른 동물과 거의 완전하게 분리되어 있었다. 체고의 빗장이 쳐진 우리 안에는 짚단과 담요 외에는 움직일 수 있는 물건이 하나도 없이 단지 밖에서 장난하는 어린 침팬지들을 자유롭게 관찰하며 깨어있는 대부분의 시간을 이곳에서 지내게 하였다. 체고는 유난히 긴 팔을 갖고 있었지만 체고의 팔이 닿지 않는 빗장이 쳐진 우리 바깥 쪽에 바나나 과일을 갖다 놓고 그리고 빗장이 쳐진 곳 가까운 한 쪽에 막대기를 몇 개 놓아두었다.

체고는 처음에 과일을 직접 손으로 잡으려고 시도하였지만 물론 허사였고 실패하자 이내 돌아와 누워버렸다. 그런 다음 다시 시도하였지만 역시 실패하였다. 체고는 30분 이상 이것을 지속하였으며 결국 체고는 누운 상태에서 더 이상 목표물에 관심을 두지 않았다.

막대기의 존재가 체고의 생각에는 없을 수 있지만 그럼에도 불구하고 막대기가 물리적으로 바로 옆에 있기 때문에 체고의 관심을 완전히 피할 수는 없었다.

그런데 어린 침팬지들이 우리 밖에서 흥겹게 놀다가 점점 과일에 다가오며 관심을 보이자, 체고가 갑자기 벌떡 일어나 막대기를 잡고 바나나를 손으로 잡을 수 있을 때까지 끌어당겼다.

누에바(Nueva)는 태어난 지(1914년 3월 11일) 3일 만에 실험을 하였다. 아직 다른 동물들과 사귀지를 못했고 우리 안에 고립되어 있는 상태였다. 우리 안에 작은 막대기를 넣어 주었는데 그것으로 땅을 긁고 바나나 껍질을 모아서 더미로 만든 후 빗장의 담장에서 약 ¾미터 떨어진 곳에 부주의하게 막대기를 떨어뜨렸다. 10분 후 누에바의 손이 닿지 않는 곳에 바나나 과일을 놓아 주었는데, 그것을 붙잡으려고 시도하다 실패하자 침팬지특유의 괴성을 지르기 시작하였다.

그런데 어느 정도 시간이 흘러 과일이 놓여진지 7분 후에 갑자기 막대기를 쳐다보고는 괴성을 그치더니 그 막대기를 잡고 빗장의 담장 밖으로 내밀어 다소 서투르기는 하지만 바나나 과일을 끌어 잡아 당겨서 거리가 팔 길이만큼 이내에 들어오자 손으로 바나나를 잡는 데 성공하였다.

침팬지 체고와 누에바가 막대기를 도구로 사용하여 문제를 해결한 것이다.[8]

미국의 벤쟈민 플랭클린(1706~1790)은 미국 건국의 아버지로 불리우며 미국 독립에 중추적인 역할을 한 인물이다. 벤쟈민 플랭클린은 8세부터 겨우 2년간만 학교에 다니면서 교육을 받았다고 한다. 정규 과정의 교육을 받지 못한 까닭에

---

8 WOLFGANG KOHLER, The Mentality of Apes, Great Britain by Percy Lund Humphries Co Ltd, pp.31~36

내용면에서 깊이가 얕다는 지적을 종종 받았다고 한다. 하지만 오히려 이것이 역설적으로 독창성을 마음껏 발휘하는 요인이 되었지 않나 생각한다. 이러한 벤쟈민 플랭클린은 "인간은 도구를 만드는 동물이며 인간이 만물의 영장으로 군림하게 된 것은 이 도구를 만드는 능력 때문이다."라고 이야기했다.

그러면 인간은 왜 이러한 도구를 만들게 되었을까? 인간이 처한 환경에서 문제가 발생하였을 때 적절한 해결책을 찾기 위해 도구를 만들게 되었고 이를 사용하여 문제를 해결하며 인류를 발전시켜 오게 되었다. 즉 결핍을 충족시키기 위한 인간의 욕구가 도구의 출현을 가능케 한 발상의 근원이다.[9]

그런데 지금까지 욕구를 충족시키기 위하여 인간이 도구를 만드는 방식에는 2가지의 경로가 존재한다. 첫 번째는 현재의 문제를 극복하기 위한 해결책으로서 기존 도구에서 불만스러운 부분을 해결하는 경로(Problem to Solution)이고 다른 하나는 현재보다는 미래를 예측하고 미리 준비하는 단계로서 전혀 새로운 도구를 만드는 경로(For Future Solution)이다.

이것이 아이디어 발상의 출발이 된다. 이러한 아이디어 발상의 출발 사례를 살펴보자.

가. 기존 도구에서 불만스러운 부분을 해결(Problem to Solution)

 사례 소개

i) Take out 커피 컵 뚜껑

우리나라에서는 고종황제가 처음으로 커피를 마셨다고 알려져 있다. 그 이후 한국인의 커피사랑은 대단하여 2016년 평균 500잔 이상의 커피를 마셨다고 한다. 2017년 특허청이 페이스북을 통하여 '우리나라를 빛낸 발명품' 설문조사를 실시하였다. 설문조사에서는 5위로 커피믹스가 뽑혔는데, 그 커피믹스는 1976년 동서식품에서 개발하였다. 그 당시만

---

9 박영택, 앞의 책, p.23

해도 커피는 특별한 기호식품이었는데 커피믹스의 개발로 커피의 대중화가 이루어졌다.

지금은 커피를 Take out하여 들고 다니며 마시고 있다. 이때 커피가 뜨거운 상태에서도 향을 제대로 느끼며 마실 수 있는 커피 컵 뚜껑에 관한 발명품이 있다(특허 등록 10-1460705, 2014년 11월 5일 등록).

이 발명품의 컵 뚜껑은 소정의 각도와 높이를 갖고 융기되어 커피를 입으로 안내하고 식힐 수 있는 공간을 만들어 뜨거운 커피를 들고 다니면서도 마실 수 있게 한 것이 특징이다.

등록특허 10-1460705

(19) 대한민국특허청(KR)	(45) 공고일자　2014년11월12일
(12) 등록특허공보(B1)	(11) 등록번호　10-1460705
	(24) 등록일자　2014년11월05일

(51) 국제특허분류(Int. Cl.)
　　B65D 43/02 (2006.01)　*A47G 19/22* (2006.01)
　　B65D 47/06 (2006.01)　*B65D 77/02* (2006.01)
(21) 출원번호　　10-2013-0015378
(22) 출원일자　　2013년02월13일
　　심사청구일자　2013년02월13일
(65) 공개번호　　10-2013-0095217
(43) 공개일자　　2013년08월27일
(30) 우선권주장
　　1020120016440　2012년02월17일　대한민국(KR)
(56) 선행기술조사문헌
　　US04986437 A*
　　KR1020030020154 A*
　　KR2020090000477 U*
　　US20040118847 A1*
　　*는 심사관에 의하여 인용된 문헌

(73) 특허권자
　　주식회사 케이앤램

(72) 발명자
　　김성일

(74) 대리인
　　김함곤, 안광석, 박영일

전체 청구항 수 : 총 7 항　　　　　　　　　　심사관 : 김우진

(54) 발명의 명칭 **컵 뚜껑 및 그 휴대용 보호 케이스**

Take out 커피 컵 뚜껑   출처: 키프리스 (www.kipris.or.kr)

ii) 열쇠고리 링:

열쇠를 넣을 때 손톱이 깨지거나 긁혀 다치기 쉬운 단점을 보완해
열쇠고리 링의 모양을 편리하게 개선한 대학생의 아이디어이다.

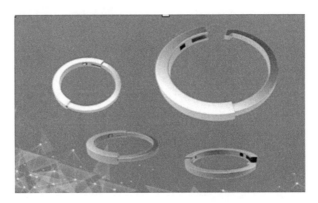

그림 1-1-6   열쇠고리 링(2015년 대전테크노파크 발명경진대회 입상(배재대, 서연경))

나. 미래를 예측하고 미리 준비하는 전혀 새로운 도구의 해결 (For Future Solution)

i) 셀카봉

그림 1-1-7 셀카봉 출처: https://commons.wikimedia.org/ by Slaunger (CC BY-SA),

영국 옥스퍼드 사전에서는 2013년 '올해의 단어'로 우리나라에서 셀카로 통용되는 셀피(Selfi)를 선정했다고 한다. 다음해인 2014년 미국의 타임지에서는 셀카봉(Selfie Stick)을 "올해의 25대 발명품" 중 하나로 선정했다고 한다.

우리나라에서도 2014년 남녀 직장인들 727명을 대상으로 한 설문조사에서 압도적인 빈도로 셀카봉이 가장 획기적인 '2014년 최고의 발명품'으로 선정되었다.

그런데 놀라운 것은 이러한 셀카봉의 개념이 이미 일본과 미국에서 30여 년 전에 특허로 출원되었다는 사실이다. 그 당시에 발명자가 생각하기를 앞으로 카메라 기술이 발전되어 부품과 제품이 소형화되면 지금의 셀카봉과 같은 시대가 올 것을 예견하고 그에 대한 '기술적 사상'을 전혀 새로운 도구의 하나로서 특허발명으로 출원해 놓은 것이다.

이것이 미래를 예측하고 미리 준비하는 방식으로 전혀 새로운 도구를 만드는 해결 방식이다.

조사주체: 취업포털 잡코리아
대상: 직장인 727명(남자 289, 여자 438명)
방법: 웹 + 모바일 통해 설문을 주관식으로 기입
기간: 2014년 12월 15일~19일

순위	최고의 발명품	빈도	퍼센트
1위	• 셀카봉	484	68.2%
2위	• 허니 버터칩	35	4.9%
3위	• 3D 프린터	28	3.9%
4위	• LG G워치	18	2.5%
5위	• 애플 워치	16	2.3%
6위	• 아이폰 6	15	2.1%
7위	• 갤럭시 노트 엣지	12	1.7%
8위	• 마이 보틀	92	1.3%
9위	• 휴대용 충전기	7	1.0%
10위	• 배달앱	5	0.7%

표 1-1-2   2014년 최고의 발명품 설문조사 결과

ii) 셀카봉 최초 출원 특허정보

미국 특허공보 US 4530580 (85년 7월 23일 등록)

일본 공개 실용신안공보 소59-112241, (84. 7. 28일 공개, 83. 1. 18일 출원)

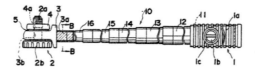

FIG.17a

U.S. Patent   Jul. 23, 1985   Sheet 1 of 6   4,530,580

FIG.1

FIG.2

FIG.3

FIG.17b

FIG.17c

그림 1-1-8 셀카봉 특허   출처: http://abpat.kipris.or.kr/abpat/biblioa.do?method=biblioFrame

3. 창의성에 대한 고정 관념

창의성에 관한 학문적 연구는 길퍼드(J. P. Guilford)라는 심리학자가 1970년 초에 처음으로 시작했는데 가장 유명한 연구가 아래 그림의 'nine dot problem' 이었다. 점 3×3을 직선 4개로 모두 연결해 보라는 문제인데 일단 펜을 지면에 대면 끝날 때까지 펜을 떼면 안 된다는 것이다. 그 당시에는 이 문제를 알고 있는 사람이 적어서 겨우 20%만의 사람들이 9개의 점을 4개의 직선으로 연결하는 데 성공했다. 문제를 푸는 열쇠는 9개의 점이 형성하는 가상의 사각형 밖으로 직선을 연장해야 한다.

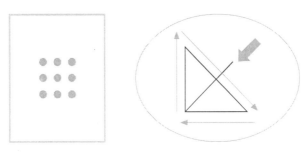

그림 1-1-9   nine dot problem

이 실험결과로 인해 창의성이란 '틀 밖으로 나가서 생각해야 한다.'는 믿음이 생기게 되었으며 마침내 창의성을 가르치는 권위자들도 가세하여 창의성에 대한 고정관념으로 굳어지게 되었다. 여기에는 창의성 전문가 그룹의 컨설턴트들이 이 실험결과를 설득력 있는 메시지로 잘 포장하고 마케팅 전략으로 잘 활용한 것도 큰 기여를 하였다. 어느 누구도 상자 밖 사고에 대한 진실성을 검증하는 연구를 시도하지 않았다.

그런데 이러한 사고에 대한 진실성을 검증하려고 나선 사람들이 있었다. 클라크 버넘(Clarke Burnham)과 케네스 데이비스(Kenneth Davis) 그리고 또 다른 팀인 조지프 알바(Joseph Alba)와 로버트 와이즈버그(Robert Weisberg)의 연구팀 이었다.

이들은 피실험자 그룹을 2개로 나눈 후 한 그룹은 심리학자 길퍼드(J. P. Guil-ford)의 실험과 동일하게 진행하고, 다른 한 그룹은 9개의 점으로 구성된 표시한 가상의 상자를 벗어나도 무방하다는 정보를 알려주고 실험을 하였다. 실험 결과 해결책에 다다른 성공비율은 정보를 알려주고 실험한 그룹에서도 겨우 25%밖에 성공하지 못 하였다. 지금까지의 '상자 밖 사고'에 대한 창의성의 개념에 의하면 적어도 80~90%가 정답에 이를 것으로 생각했지만 실험 결과는 전혀 다른 결과를 보여 주었던 것이었다. 통계학적으로 겨우 5%의 차이로는 유의미한 결론에 이를 수 없는 것이다.

지금까지 '상자 밖에서 생각하라'는 구호가 우리가 창의성에 대해 갖고 있었던 믿음이었다. 이것은 'nine dot problem'에 의해 매우 흡입력 있는 설명처럼 들렸지만 이 실험결과에 의하여 사실은 허구였다는 것이 밝혀졌다.[10]

창의성에 대하여 이 책의 처음부터 끝까지 일관되게 주장하는 사상이 있다면 그것은 창의성이란 '상자 속 안에서의 발명'이라는 것이다. 즉 창의성은 창조주가 창의성을 발휘하여 만들어 놓은 상자 속(자연) 안에서 재발견을 하는 것이며 이것이 우리가 과학이라고 부르는 학문이다. 이를 통하여 우리는 창조주가 만들어 놓은 자연에서 배울 수밖에 없다는 것을 알아야 한다.

---

10 Drew Boyd and Jacob Goldenberg. (이경식 옮김), 앞의 책, pp.53~56

창의적 아이디어

우리는 누구나 경쟁력이 있는 창의적인 해법을 발견하기 위하여 한정적인 자원을 투입하며 여러 가지를 시도해 보면서 가능한 시행착오를 줄이며 빠른 시일 내 최상의 결과를 얻고 싶어 한다. 조금 더 구체적으로 이야기하면 이때 경쟁력 있는 최상의 결과는 독창적이면서 실용적이면 더욱 좋다고 생각한다.

여기에 언제나 최상의 해법은 아닐지라도 가장 창의적인 해법이 될 수 있는 원리를 소개하고자 한다. 이스라엘의 로니 호로위츠(Roni Horowitz)는 고도의 창의적인 해법들에 대한 자료를 수집하고 지속적으로 연구하면서 창의적인 아이디어들은 두 가지 조건을 만족시킨다는 것을 찾아냈다. '닫힌 세계'(Closed World, CW)와 '질적 변화'(Qualitative Change, QC)의 개념이다.[11]

이 두 가지 조건을 창의적인 아이디어가 되기 위한 충분조건이라고 한다. 즉 2가지 조건은 창의적인 아이디어가 되기 위한 충분조건이기 때문에 이 조건을 만족해야만 창의적인 아이디어가 되는 것은 아니지만 적어도 2가지 조건을 만족하면 창의적인 아이디어가 된다는 의미이다.[12]

---

11 Drew Boyd and Jacob Goldenberg. (이경식 옮김), 위의 책, pp.57~58
12 박영택, 앞의 책, pp.42~47
    R. Horowitz (1999), 'Creative Problem Solving in Engineering Design' (TEL-AVIV University) pp.52~54

1. 닫힌 세계의 원리

영국의 마거릿 보든(Margaret A. Boden)은 1996년 그의 저서 '창의성은 무엇인가?'라는 저서에서 '제한은 창의성을 방해하기는커녕 오히려 창의성이 발현되도록 해준다. 모든 구속과 제한을 벗어던진다면 창의적인 사고 능력은 파괴되고 말 것이다.'라고 이야기하였다.[13]

창의적인 해법에 대해서 많은 관심을 갖고 이를 지속적으로 연구한 로니 호로위츠(Roni Horowitz)는 '창의적인 모든 해법이 그 문제를 둘러싸고 있는 상대적으로 좁은 영역 안에 들어 있다.'고 하며 이 좁은 영역을 '닫힌 세계(Closed World, CW)'라고 불렀다.[14]

드루 보이드(Drew Boyd)와 제이콥 골든버그(Jacob Goldenberg)도 그의 저서 'IN SIDE THE BOX(틀 안에서 생각하기)'에서 '틀 밖보다 틀 안이 더 넓다'라고 소개하였다.

우리는 종종 우리가 갖고 있는 자원이 유한한 상황 하에서 어떤 당면 문제를 해결할 때 선택과 집중이라는 방식을 종종 사용한다. 이는 선택과 집중이 인적 자원, 기술적 자원, 경제적 자원의 제한을 고려할 때 효과적인 방법이라고 생각하기 때문이다. 즉 우리가 무엇인가 제한을 받고 있는 환경 하에서 집중도를 높이면 창의성이 발휘될 수가 있기 때문이다. 오늘날 창의성을 연구하는 많은 학자들도 오히려 지나치게 넘쳐나는 아이디어들은 오히려 집중도를 떨어뜨리게 만들고 이로 인해 너무 방만하게 되어 비조직적이고 임의적으로 되어 실제 창의성에 도움이 안 된다고 생각한다.

틀 안에서의 사고 '닫힌 세계'라는 제한 조건을 통해서 창의성이 발휘된 사례를 하나 소개해 보도록 한다. 본 사례는 체계적 발명사고(SIT: Systematic Inventive Thinking)를 만든 이스라엘의 로니 호로위츠와 제이콥이 실제로 그들의 인생이

---

13 Margaret A. Boden, "What Is Creativity?", in Dimensions of Creativity, edited by Margaret A. Boden(Cambrige, MA: MIT Press, 1996), p.79(Drew Boyd and Jacob Golenberg. (이경식 옮김), 앞의 책, p.74)

14 Drew Boyd and Jacob Goldenberg. (이경식 옮김), 앞의 책, p.58

항공엔지니어에서 창의성을 연구하는 학자로 변하게 된 경험담이다.

1990년 어느 날 밤 이들 둘이 일과를 끝내고 집에 돌아가려고 주차장에 왔는데 자동차의 바퀴가 펑크가 나 있었다. 한사람이 바퀴를 교환하기 위하여 바퀴의 너트에 렌치를 사용하여 풀려고 시도하였지만 너트에 녹이 단단히 슬어서 너트를 풀 수가 없었다. 결국 이들이 택한 방법은 자동차 안에 들어 있었던 잭을 사용하여 렌치를 돌려서 타이어의 너트를 풀었다.[15]

그림 1-1-10 자동차 용 공구 잭과 렌치
출처: https://commons.wikimedia.org
Spare_Tire_Changing_Kit - by Steve
Rainwater from Irving, US(CC BY-SA)

대부분의 문제는 그 해법을 문제 자체 내에 숨겨져 갖고 있지만(잭과 렌치가 자동차 내에 있음에도 불구하고) 우리가 그것을 찾아내지 못한 경우가 많다. 숨겨진 것을 찾아내어 활용해서 문제를 푸는 것이 창의성이다.

---

15 Drew Boyd and Jacob Goldenberg. (이경식 옮김), 위의 책, p.58~62

적정기술(Appropriate Technology)이란 그 **기술을 사용하는 사회가 해당 지역에서 경제적으로 부담 없이 수용**하여 **지속적인 생산과 소비가 가능**하도록 만들어진 기술을 말한다. 적정기술의 개념은 1960년대 독일태생의 영국의 경제학자 슈마허(Schumacher, Ernst Friedrich)가 중간기술(intermediate technology)이라는 용어를 사용하여 시작되었다. 그러나 당시에 중간기술이라는 용어가 기술의 단계가 미완성이거나 첨단기술에 비하여 부족하고 열등하다는 느낌을 줄 수 있어 이후에 적정기술이라는 용어를 더 선호하게 되었다.

적정기술의 사례로는 브라질의 정비사인 '알프레도 모저(Alfredo Moser)'가 2002년 개발한 'A liter of Light'이 잘 알려져 있다. '1리터의 빛'이라는 적정기술은 버려진 페트병에 표백제 10 ml를 넣고 물을 가득 채운 후 지붕 천장에 구멍을 뚫고 꽂아두면 햇빛이 페트병을 통해 흩어지면서 전구의 역할을 하게 된다. 집안에 55w의 불빛을 공급하는 효과가 있다고 한다. 필리핀에서는 빈민층에게 더 나은 환경을 제공하기 위하여 사회적기업인 My Shelter Foundation이라는 기업이 이 적정기술을 이용한 프로젝트를 전개하여 수도 마닐라에서 수만명의 사람이 혜택을 보고, 삶의 질을 향상시킬 수 있었다고 한다.

그림 1-1-11 1리터의 빛

출처: https://commons.wikimedia.org by Cmglee)(CC BY-SA), by Jamestgurley (CC BY-SA)

두 개의 항아리를 겹쳐서 사용하여 흙과 도기로 만들어진 토기냉장고인 팟인팟쿨러(Pot-in-pot cooler)는 1995년 나이지리아의 모하메드 바 아바(Mohamed Bah Abba)가 고안했다.

그가 살던 북부 나이지리아는 1년에 3개월 정도만 비가 내리고 나머지 9개월은 비가 내리지 않는 지역이다. 따라서 3개월 동안 확보한 식량으로 남은 기간을 버텨야 하기 때문에 음식물을 저장하는 것이 가장 큰 문제였다.

Pot in Pot 기술은 큰 항아리 안에 작은 항아리를 넣고 그 사이를 흙과 물로 채워 넣은 후 항아리 위에 헝겊을 덮어둔다. 그러면 젖은 흙의 물이 증발하면서 작은 항아리 안에 있는 열을 빼앗는다. 이렇게 하면 2~3일이면 상하던 토마토가 전기 없이도 낮은 온도(섭씨 13~22도)를 유지하면서 최대 약 3주까지 보관할 수가 있다고 한다.

가난한 주민들을 위하여 아바는 저장고 가격을 단돈 2달러로 정하였다.

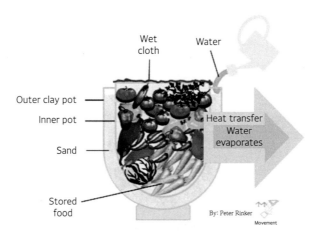

그림 1-1-12 Pot in Pot 기술의 구조와 원리   출처: https://commons.wikimedia.org/ wiki/File:Clay_pot_cooler by Peter Rinker(CC BY-SA)

위의 2가지 사례에서 볼 수 있듯이 적정기술은 그 기술을 사용하는 주체가 추가적인 경제적 부담 없이 외부자원을 투입하지 않고 수용할 수 있어 닫힌 세계의 원리가 잘 적용되고 있다. 우리들의 귀한 적정기술 아이디어가 세상을 밝히는 기적의 등불이 되었으면 좋겠다.

2. 질적 변화의 원리

질적 변화의 조건을 설명하기 위하여 한 가지 사례를 소개하고자 한다.

 곡선 파이프 속의 옥수수 문제

(Horowitz and Maimon, 1997 ASME Design Engineering Technical Conference; Altshuller, 1988)

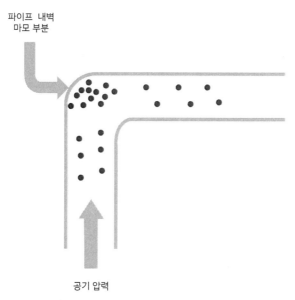

파이프 내벽
마모 부분

공기 압력

그림 1-1-13 곡선 파이프 속의 옥수수 알갱이

옥수수 알갱이를 공기압에 의하여 이송하는 곡선 파이프 문제이다.

구부러진 부분의 파이프에 옥수수 입자의 충격으로 파이프 내벽에 입자의 속도에 따라 손상이 증가하는 마모가 일어난다. 그러나 공기의 유속을 낮출 수가 없다. 왜냐하면 공정의 처리 성능을 떨어뜨리기 때문이다.

만일 적절한 공기의 유속으로 공정의 성능을 유지하면서 옥수수 입자의 충격으로부터 곡선 파이프 내벽 손상을 보호하는 창의적 해법이 있다면 기술적 모순이 더 이상 존재하지 않는다. 이러한 창의적 해법을 질적 변화의 조건이 충족되었다고 한다.

아래의 그림은 이러한 해결책을 보여 준다. 파이프의 구부러진 부분에 기하학적 변형을 주어 주머니를 만들어 옥수수 입자가 그곳에 머물 수 있도록 한다면 충격에 의한 파이프 내벽의 마모로부터 보호를 할 수 있다.

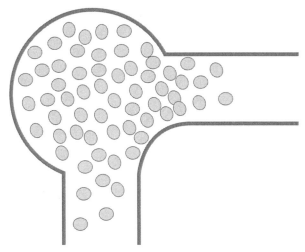

그림 1-1-14 곡선 파이프 속의 옥수수 알갱이-해결책

창의적인 해법들을 연구한 로니 호로위츠(Roni Horowitz)는 그의 연구에서 질적 변화를 다음과 같이 설명하였다.

질적 변화는 '문제가 되는 특성이 완전히 제거되거나(a neutral relation) 혹은

역전되기(a decreasing) 조차하는 해결책'이라고 말하였다.[16]

이를 알기 쉽게 그래프로 나타낸다면 아래와 같다.

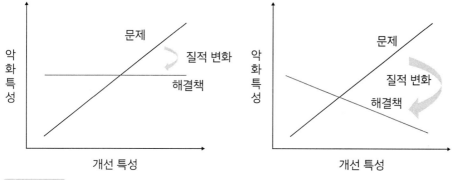

 그림 1-1-15 질적 변화

드루 보이드와 제이콥 골든버그는 그들의 저서에서 '닫힌 세계에서 모순을 만나는 순간 창의성은 가장 빛을 발할 것이다.'라고 이야기하며 모순의 중요성을 언급하고 있다. 즉 모순이 닫힌 세계 안에서 창의성으로 나가는 경로가 되는 셈이다. 이렇게 중요한 모순은 어떤 것인지 살펴보고자 한다.

거짓 모순과 진짜(참) 모순

모순은 어떤 특정한 상황에서 서로 정반대의 특성을 나타내는 것을 말한다. 인간은 대부분 모순을 만나게 되면 그 모순을 회피하고자 하는

---

16 Roni Horowiz, Creative Problem Solving in Engineering Design, (Tel-Aviv. Univ. Doctoral dissertation, 1999), p.53
'Any solution in which at least one problem characteristic changes from an increasing relation to either a decreasing or a neutral relation is said to incorporate a qualitative change.'

생각부터 먼저 하게 된다. 그러나 모순을 잘 파악해 보면 길이 열릴 수 있다. 모순을 일으키는 문제에 이미 해결책이 존재하고 있다는 것이다.

그런데 이러한 모순에는 진짜 모순과 거짓 모순이 있다. 우리 인간은 자주 **고정관념(고착)과 잘못된 정보에 의한 일반화를 바탕으로 어떠한 가정에 빠져서 거짓 모순을 스스로 양산하게 되는 경우가 많다.** 이러한 거짓 모순을 진짜 모순으로 여기며 스스로 창의성을 제한하게 된다. 거짓 모순에는 명제들을 이어주는 고리가 있는데, 이 연결해 주는 고리 중에서 약한 부분이 있다. 이것을 모순의 약한 고리라고 한다. 이것을 찾아내어 끊어버림으로서 모순을 제거하고 창의성으로 나아가야 한다.[17]

거짓말쟁이의 역설(Liar Paradox)이라는 것이 있다. 신약성서를 보면 디도서 1:12절에 "그레데인(人) 중에 어떤 선지자가 말하되, 그레데인들은 항상 거짓말쟁이며"라는 구절이 있다. 이 성경구절을 참이라고 하면 여기서 선지자 자신도 그레데인이므로 본 구절은 거짓말이 되어 버린다. 왜 이런 현상이 발생했을까? '항상'이라는 단어를 생각해 보자. 우리는 '그레데인들이 언제나 거짓말을 한다는 의미가 아니다'라는 것을 쉽게 이해한다. 즉 실제적인 의미에서는 거짓말을 많이 하는 그레데인이라도 어느 한 시점에서는 진실을 이야기 할 수 있는데 **잘못된 가정을 전제로 일반화하여** 이야기 하고 있기 때문이다.

이탈리아 피렌체 출신의 아동문학 작가로 본명이 카를로 로렌치니 (Carlo Lorenzini, 1826년 11월 24일~1890년 10월 26일)는 카를로 콜로디(Carlo Collodi)라는 필명으로 더 잘 알려져 있는데, 세계적으로 유명한 동화 '피노키오의 모험'의 작가이다.

이 동화에서 목수인 제페토가 장작을 깎아서 인형을 만들어 피노키오라고 이름을 붙였는데, 제페토가 만든 나무인형 피노키오는 거짓말을 하면 코가 길어지는 특징이 있다. 만일 피노키오가 말하길 '내 코가 지금 자라고 있다.'라고 말한다면 이 또한 거짓말이 되어 버리는데 이를 피노

---

17 Drew Boyd and Jacob Goldenberg. (이경식 옮김), 앞의 책, pp.338~339

My nose
grows
now!

그림 1-1-16 피노키오 역설
(Pinocchio paradox)

출처: https://commons.wikimedia.
org/wiki/File:Pinocchio_
paradox by Carlo Chiostri,
(Public domain)

키오의 역설(Pinocchio paradox)이라고 한다.

현실에서는 코가 생물학적으로 자랄 수 있는데, 시간 축 상에서는 그 때가 거짓말할 때일 수도 있고, 참말일 때도 있다. 다음의 그림에서 '지금'이라는 단어를 거짓말할 때라는 가정을 전제로 일반화하여 생각하기 때문에 역설에 빠져 버리는 것이다.

암묵적인 가정을 전제로 하여 모순이 발생하는 경우도 있다. 불행히도 인간은 무의식 중에 이런 가정을 많이 한다.

암묵적인 가정과 관련하여 워크숍에서 자주 사용하는 사례가 있다. 두 사람이 짝을 이루어 공중에 던져진 오렌지를 서로 잡으려 하고 오렌지를 못 잡은 사람은 잡은 사람과 협상을 벌여 서로 오렌지를 차지하려고 하는 사례이다. 한 사람은 오렌지를 활용하여 과즙을 내어 주스를 만들어 죽어가는 아들을 살리기 위하여 오렌지가 필요하고 다른 한 사람은 죽어가는 아내를 살리기 위해 잼을 만들기 위하여 오렌지가 필요하다. 이 두 사람은 오렌지를 얻기 위하여 치열한 논리를 전개하며 상대방을 설득하기 위한 협상을 벌인다. 그런데 이 두 사람은 이 상황에 대하여 각자 나름대로 암묵적인 가정을 갖고 있다. 오렌지를 필요로 하는데 각자 상대방이 오렌지 전체를 필요로 한다는 암묵적인 가정이다. 시간이 한참 지난 뒤에 마침내 두 사람은 서로가 만족하는 해법을 발견한다. 즉 한 사람은 껍질을 가지고 다른 한 사람은 과육을 갖는 방법이다. 여기서 두 사람이 만족하는 해법을 찾기까지 시간이 걸린 이유는 서로가 명시적으로 필요한 부분을 밝히지 않았기 때문이다.[18]

---

18 Drew Boyd and Jacob Goldenberg Inside the Box (이경식 옮김), 위의 책, pp.346~347

위의 사례에서 우리는 가정의 정확성에 의해서 성패가 좌우되는 것을 교훈 삼게 된다. **잘못된 가정**을 전제로 일반화하여 혹은 검증의 단계를 거치지 않은 **암묵적 가정**들을 통하여 잘못될 가능성이 매우 높아지게 됨을 알게 되었다. 우리는 역으로 거짓 모순 속에서 약한 고리를 적극적으로 찾아내어 창의성을 발휘할 수 있는 유리한 모순으로 삼아야 한다.

제2장

발명기법과 특허정보

일반적 발명기법

발명이라 함은 앞의 1장 3절에서 소개한대로 머릿속에 들어있는 창의적인 아이디어를 기술이라는 구체적인 수단을 통하여 머리 밖으로 끄집어내어 실현 가능하게 구체화 하여 완성한 것을 말한다. 이때 발명을 완성하기 위하여 우리가 일반적으로 사용하는 기법을 소개해 본다.

1. 더하기 기법

여러 개의 면도날을 합친 면도기와 십자 드라이버와 같이 같은 물건을 더하는 것과 지우개 달린 연필과 같이 서로 다른 물건을 더하는 기법이 있다.

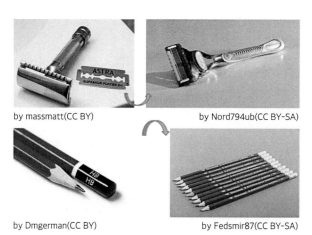

by massmatt(CC BY)   by Nord794ub(CC BY-SA)

by Dmgerman(CC BY)   by Fedsmir87(CC BY-SA)

그림 1-2-1 면도기와 지우개 달린 연필   출처: https://commons.wikimedia.org

2. 빼기 기법

　씨 없는 수박이나 포도, 눈금이 없는 Suction Clock, 무과당 주스 등을 예로 들 수 있다. Suction clock은 시계에서 시간, 분을 나타내는 바늘만 남기고 전부 제거하여, 눈금 없이도 직관적으로 시간 파악이 가능하게 한다. 이러한 발명품을 활용하여 유리창에 붙일 수 있는 시계도 생각해 볼 수 있다.

출처: https://commons.wikimedia.org by V.Boldychev (CC BY-SA)

출처: by janjf93, pixabay.com

그림 1-2-2 씨 없는 검정색/심홍색/노란색 포도, 눈금 없는 Suction Clock

3. 바꾸기 기법

용도와 모양 또는 재료, 크기를 바꾸어 생각해 보는 기법이다. 장갑의 재료를 바꾸어 털장갑, 면장갑, 고무장갑을 생각해 볼 수 있다. 털장갑은 추운 겨울에 사용하고, 면장갑은 짐을 옮길 때 손이 다치지 않게 사용할 수 있으며, 고무장갑은 물에 젖지 않으므로 설거지 등에 사용할 수 있다.

그림 1-2-3　재료를 바꾼 장갑들

4. 모방하기와 반대로 하기

인라인/롤러 스케이트의 모방과 발가락 양말의 반대로 하기 기법을 예를 들 수 있다.

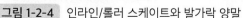

그림 1-2-4　인라인/롤러 스케이트와 발가락 양말

출처: https://commons.wikimedia.
org by Torok Imre (CC BY-SA),
by Mezzofortist (CC BY-SA)

특허창출을 위한 발명기법

발명은 '지금까지 존재하지 않았던 것을 새로이 창출해 내는 것'이라고 정의하였다. 일반적인 발명 기법에 의하여 완성된 발명이 모두 특허를 받을 수 있는 것은 아니다. 특허를 받을 수 있는 발명은 자연 속에 존재하는 구성 요소(발견)를 상상력을 통하여 서로 결합하여 새롭게 만들어 내는 것(재발견) 중에서 어느 정도의 수준(진보성)을 인정받아야 특허를 받을 수 있다.

1. 선행특허조사

특허를 받기 위해서는 발명이 새로운 것이어야 하므로 먼저 내가 생각한 발명이 이미 특허로 출원되어 있는지를 조사해 볼 필요가 있다. 이를 선행특허조사라고 한다. 이러한 단계를 거쳐서 만일 동일한 선행특허가 이미 존재한다면 이를 회피하여 내 발명을 완성해야 하며, 만일 유사한 특허가 존재한다면 이를 기반으로 내 발명을 차별화하여 보강할 필요가 있다.

2. 구성 요소의 분해(발견)와 재발견

창조주가 이미 만들어 놓은 자연 속에 존재하는 기존 구성 요소에서 이를 변경하여 새로운 것으로 만들어가는 과정에서 중요한 것은 기존의 구성 요소에 대한 분해(발견)이다. 이 분해에 대한 능력은 그것을 어느 정도까지 자세하게 나눌 수 있느냐에 따라서 결정되는데, 통상은 구성 요소를 분해하는 사람의 경험과 지식에 따라서 결정된다. 그리고 구성 요소의 대상은 재료/기능/구조의 구성 요소로 나눌 수 있다.

분해된 구성 요소를 상상력을 통하여 새롭게 만들어 낸 것, 즉 재결합하여 새롭게 만들어 낸 것(재발견)이 발명이 된다. 따라서 발명은 무에서 유를 창조하는 것이 아니라 구성 요소의 재결합을 통한 유에서 유를 만들어 내는 것이다. 재결합하여 새롭게 만들어내는 것에는 일반적 발명기법의 모든 방법이 사용되는데 여기서 특허를 받기 위해서는 진보성을 인정받아야 한다.

3. 구성 요소 재결합에 의한 발명

진보성이란 것을 특허법적인 측면에서가 아니라 직관적으로 이해하기 쉽게 설명해 보고자 한다. 재결합을 통하여 새롭게 만들어낸 것 중에서는 즉 남들이 안 해 본 것 중에서는 수많은 시간과 비용이 들기 때문에 어려워서 못해 본 것도 있지만 경제적 가치가 없어서 필요 없어서 안 해 본 것도 있다. 전자의 경우는 제법 난이도가 있어서 곤란하여 결론에 이르는 결과물을 도출해내지 못한 것이고 후자의 경우는 누구나 그 분야에 있어서 통상적인 지식을 갖고 있으면 그야말로 용이하게 실시할 수 있음에도 불구하고 경제적 가치가 없어서 지금까지 실시하지 않은 새로운 것일 수도 있다. 이것을 진보성이 있다고 하거나 혹은 진보성이 결여되었다고 한다. 진보성은 특허를 받기 위한 중요한 요건 중의 하나이다. 이제 일반적인 발명기법을 통하여 특허를 받을 수 있는 특허창출을 위한 발명기법을 소개해 보고자 한다.

가. 구성 요소의 부가

앞 절에서 언급한 지우개 달린 연필을 예로 들어 설명해 보자.

연필(A)과 지우개(B)를 결합하여 지우개 달린 연필의 발명품이 완성되었다. 그런데 여기서 금속밴드(C)라는 구성 요소를 추가적으로 부가하여 지우개 달린 연필의 발명품을 도출하였다. 금속밴드를 부가하는 것이 그 분야에서 통상적인 지식을 갖고 있는 사람이면 누구나 생각해 낼 수 있는 정도의 단순 결합이라면 특허등록 요건 중 하나인 진보성이 결여되어 특허를 받을 수 없다. 그러나 이를 극복하기 위하여 연필과 지우개의 결합력을 강화하기 위한 차별화된 방법으로 나만의 아이디어를 생각해 냈다면 진보성을 인정받을 수도 있다. 즉 위의 연필 그림에서 동그란 부분의 금속밴드를 주목해 보자. 금속밴드의 형상이 각각 다른 모양을 하고 있음을 알 수 있다. 연필과 지우개의 결합력을 강화하기 위해 단순한 결합이 아니라 금속밴드에 작은 천공을 위아래로 만들었으며, 거기에 더하여 링 모양의 형

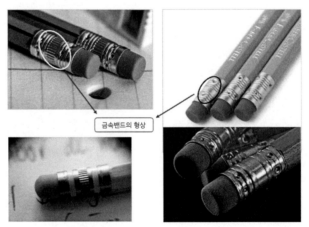

금속밴드의 형상

그림 1-2-5 지우개 달린 연필 - 금속밴드의 형상

출처: https://commons.wikimedia.org/,by Alex Morfin(CC BY-SA), by Jeff Weese(CC BY)

상으로 굴곡을 두었다. 또 다른 형상으로는 굴곡 링의 사이에 이번에는 수
직으로 굴곡을 둔 부분도 있다. 이러한 것들을 차별화 하여 새로운 효과를
주장할 때 진보성을 인정받을 수 있다면 특허를 받을 수 있는 것이다.

나. 구성 요소의 삭제

 A+B+C+D → A+B+C

    기업에서 제품을 개발할 때 상품기획 측면에서 아주 중요한 발명기법 중
의 하나이다. 왜냐하면 이 기법은 구조적으로는 구성 요소의 일부를 삭
제하면서도 원래의 기능을 유
지해야 하며, 그리고 기능적으
로는 필수기능을 유지한 채 우
선순위에 따라 불필요한 기능
을 삭제하면서도 시장에서 제
품의 경쟁력을 유지해야 하
는 고도의 상품 전략이 요구되
기 때문이다. 즉 기업입장에서
는 부품의 삭제로 원가절감으
로 인한 제품경쟁력을 확보할
수 있는 매력이 있지만 대신에
시장에서 소비자의 선택도 받
아야 하는 과제도 안고 있기 때
문이다. 또한 이 발명기법은 창
의적 아이디어가 되기 위한 조
건 중에서 '닫힌 세계'의 조건
을 만족하게 되어 창의적 아이

그림 1-2-6 바퀴를 삭제한 실내용 자전
거 - 헬스

출처: Unsplash의Marc-Antoine Dub

디어가 되기 위한 곳으로 한걸음 더 다가갈 수도 있다.

다. 구성 요소의 대체

　　한국관광공사에서 한국을 홍보하기 위하여 2020년 7월에 만든 홍보영상 중에서 이날치(LEENALCHI) 밴드가 노래하고 앰비큐어스(Ambiguous) 댄스컴퍼니에서 안무를 맡은 'Feel the Rhythm of Korea : SEOUL-범내려온다'라는 영상이 있다. 2021년 5월 현재까지 SNS상에서 6억뷰 이상의 조회를 기록하고 있는데 굉장히 중독성이 있는 멜로디를 갖고 있다. 한국의 전통적인 판소리 위에 북과 장구대신 드럼과 베이스를 사용하여 보컬들이 혼자 노래하다가 같이 노래 하다가를 반복한다.

　　새롭고 흥미로운 것은 한국 고유의 흥이 묻어 나오는 판소리에 **북과 장구를 대체하여 대신 드럼과 베이스를 입혔다.** 글로벌화를 지향하는 보편성을 위하여 한국 고유의 판소리로 차별화를 강조함과 더불어 여기에 구성 요소를 동양에서 서양으로 대체하여 성공한 창의적 작품이다.

그림 1-2-7　북과 장구를 대체한 드럼과 베이스

출처: https://commons.wikimedia.org/ by Stephan Czuratis(드럼,CC BY-SA), (Public domain)

구성 요소의 대체 기법은 우리의 실생활에서 조금만 더 창의적 해법을 찾기 위하여 노력한다면 많은 성공적인 결과물을 만들어 낼 수 있다는 것을 보여주는 발명기법 중의 하나이다.

한식의 세계화를 위해서 한식당에서 활용한 '숙명가야금연주단'의 음악도 좋은 사례인데, 이것은 보편성을 확보하기 위하여 서양의 멜로디에 구성 요소를 반대로 서양에서 동양으로 교체하여 차별화에 성공한 창의적 작품이다.

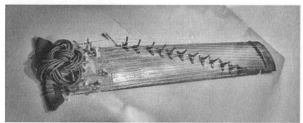

그림 1-2-8 가야금으로 연주한 Let It Be

특허정보 조사 개요 및 방법

여러 가지 기법 등을 통하여 현재 도출된 아이디어가 문제해결을 위해 과연 얼마나 독창적인지를 이전에 나와 있는 유사한 해법들과 비교해 볼 필요가 있다.

만일 동일한 해법들이 존재하여 이미 특허로 등록되어 권리로 보호받고 있다면 이 특허 권리를 침해하지 않도록 회피하여 다른 아이디어 해법을 찾아보아야 한다. 이를 회피설계(design around)라고 한다.

동일한 해법들은 없었지만 유사한 해법들이 존재한다면 현재 도출된 아이디어와 유사 정도를 비교하여 특허 권리에 침해문제가 되지 않는 범위 내에서 현재 도출된 아이디어의 완성도를 높여가는데 활용할 수 있을 것이다.

여기서 이미 나와 있는 해법들의 아이디어들에 대한 기술을 조사하는 과정을 선행기술 조사라고 하며, 일반적으로 이러한 선행기술의 특허정보에 대한 Data Base를 조사하게 된다.

1. 특허정보 조사 필요성

 사례 1

중소기업을 운영하는 유로이 사장은 요즘 하늘을 날며, 구름 위를 밟고 사는 느낌으로 기분이 최고이다. 2년 전 개발에 착수하여 작년 말에 개발 완료한 '플라즈마 코팅' 기술을 적용한 제품 매출이 지난해보다 3배 가까이 뛰어올랐기 때문이다. 유 사장은 2년 전 '플라즈마 코팅'과 관련한 기술을 개발하기로 마음먹고 연구에 착수했다. 먼저 선행특허기술을 조사하고 동시에 특허 동향을 살폈다.

1차 단계에서의 특허 조사 결과 이 기술은 이미 관련 특허가 많이 등록된 상태였다. 그러나 유 사장은 특허가 등록된 관련 분야 기술을 유심히 살피다가 우연히 공백기술을 발견, 이 분야에 대한 집중적인 연구를 시작하기로 방향을 설정했다. 그 뒤 연구개발 과정에서도 혹시 그동안 다른 특허출원은 없었는지 지속적으로 특허 조사를 진행하면서 자사의 연구개발 결과도 특허를 신청하여 마침내 특허를 취득했다. 이 기술로 인해 현재 경쟁 회사로부터 로열티까지 지급받게 되면서 유 사장은 제품 판매와 로열티 수익 등 이중으로 수입을 올리고 있으며 당연히 경쟁사보다 시장에서 제품의 경쟁력도 인정받고 있다.

사례 2

중소기업을 운영하는 유레오 사장은 수년 전 공장 문을 닫는 뼈아픈 경험을 하였다. 2년간 직원들과 밤낮없이 연구해서 개발해 낸 '무선이어폰' 제품이 출시하자마자 불티나게 팔리면서 관련 시장도 커지게 되자 대기업이 시장에 뛰어 들었기 때문이다. 이로 인해 시장에서의 경쟁은 날로 심해지고 또한 대기업이 막강한 자본력과 특허기술을 앞세워 자사 기술의 특허권을 침해했다며 경고장을 날리며 압박한 것이다.

유 사장은 2년이란 시간과 그동안 고생한 노력이 너무나도 아깝다는 생각에 해결할 수 있는 방법을 찾아 최선을 다해 보았으나 결국은 출시 제품을 모두 거둬들이는 수밖에 없었다. 당연히 그동안 연구개발비로 투자한 금액도 회수 못하고 이 또한 날리고 말았다. 연구개발 과정에서 선행특허기술에 대한 조사를 간과해 빚어진 결과였다.

그 이후 이를 거울삼아 새로운 상품개발과 연구개발 과정에서 철저한 선행특허정보조사를 통하여 특허분쟁을 사전에 제거하였다. 이로써 안정적인 사업을 운영할 수 있는 발판을 마련하고 재기에 성공하였다.

사례 3

미국의 특허소송에서는 소송과정 중에 상대방에게 자료를 요청하여 관련한 문서를 검토해 보고 증거 자료로 활용할 수 있는 제도(Discovery)가 있다.

애플은 삼성전자와 벌인 소송에서도 이러한 제도를 적극 활용하였다. 애플은 삼성전자와 구글 사이에 오고 간 이메일의 자료를 요청하여 입수한 후 증거자료로 제출하였는데, 이번 특허소송에서 배심원단 대표를 맡은 벨빈 호건은 "2010년 이메일에서 애플 디자인을 피하라고 요청한 구글 메모가 평결에 영향을 미쳤다."고 말했다.

문제의 이메일은 2010년 2월 15일 삼성전자 선임 디자이너가 작성한 것으로 구글과 회의한 후 삼성 내부에서 결과를 회람하는 메일인데, 이 메일에서 구글은 '삼성 태블릿PC 모델이 애플과 유사하니 아이패드와 구별할 수 있도록 다르게 만들어 달라고 삼성에 건의했다'는 내용이 담겨 있었다는 것이다.

특허정보는 아이디어를 구체화하여 특허를 받을 수 있는 발명을 만들어 가는 과정 중에서 기존 발명과의 차별화를 위해서 필요하고 그리고 연구개발 과정 중에서는 기존 특허와의 회피를 위하여서도 꼭 필요하다. 통계적으로는 약 25% 정도의 연구개발 내용이 이미 공개된 발명과 내용이 동일하여 그동안 애써 연구한 개발의 성과가 물거품이 되는 것으로 보고되고 있다. 따라서 선행기술문헌의 조사, 특히 선행특허정보조사 방법을 통하여 선행기술들을 좀 더 효율적으로 쉽게 찾아 아이디어 발상의 완성도를 높이고 특허침해 가능성을 제거하는 것이 매우 중요하다. 기업은 이러한 과정을 통하여 최종적으로는 시장에서 안전한 제품의 경쟁력을 확보할 수 있게 된다.

2. 특허정보 조사 유형

특허정보 조사의 유형은 어떤 목적을 갖고 특허정보를 조사하게 되느냐에 따라 다음과 같은 3+1 유형으로 나눌 수 있다.

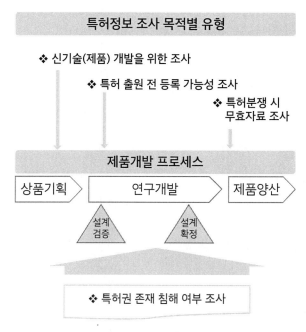

그림 1-2-9   특허정보 조사 목적별 유형

가. 신기술(제품) 개발을 위한 조사

연구대상 기술 분야의 개발 흐름을 파악하고 연구개발 주제를 선정할 수 있다. 만약 연구개발 주제와 동일한 기술의 특허가 존재한다면 이는 공지된 기술로 중복 투자할 필요가 없으며 기술개발 시 반드시 이 특허권을 회피하기 위한 노력과 문제점 해결을 위한 새로운 아이디어를 도출해야 한다. 이미 등록된 선행특허가 있는데도 불구하고 이를 적용한 기술을 제품에 적용하여 시장에 출시한 제품은 특허침해에 따른 분쟁에 휘말려 막대한 소송비용을 지불해야 하는 경우가 발생할 수 있다. 삼성과 애플의 특허분쟁 소송에서도 볼 수 있듯이 선행특허조사 단계에서 문제가 되는 특허를 검토하고도 지나칠 경우에는 나중에 소송단계에서 불리한 증거자료로 제출되어 패소에 이를 수 있다. 만약 연구방향과 유사한 선행특허자료가 발견된다면 이를 참조하여 더욱 구체화된 아이디어를 얻을 수 있다.

나. 특허 출원 전 등록 가능성 조사

연구개발의 결과를 특허권으로 확보하기 위해서는 출원된 발명이 심사를 통과해야 한다. 특허정보 조사를 활용한다면 연구개발의 결과를 특허로 출원할 경우에 등록될 가능성이 높도록 출원명세서를 집중적으로 기술할 수가 있다. 이렇게 선행특허조사를 바탕으로 한 유용한 특허 출원 전략의 구사는 특허 등록 가능성을 높이므로 결국 출원한 특허가 등록이 안 되어 출원 비용이 낭비되는 경우도 방지할 수가 있다.

다. 특허분쟁 시 무효자료 조사

특허권 침해문제 발생 시 특허권의 대항을 받는 측(특허권 침해자)에서는 자사의 실시기술에 대한 공지기술 자료 확보와 상대방 특허권에 대해 무효심판 청구를 위한 무효자료 확보에 나서게 된다. 이때도 선행특허 자료조사를 통하여 무효자료를 확보하게 되는데 만일 유효한 결정적인 자료를 확보하게 된다면 상대방의 등록특허를 무효화 시킬 수가 있다.

라. 특허권 존재 침해여부 조사

신제품 개발을 위한 상품기획 단계로부터 제품개발이 완료되어 양산되는 시점까지에도 제품에 적용된 관련기술에 대한 특허권 존재 여부 조사는 계속 진행되어야 한다. 제품개발 전 과정을 거쳐 상시 진행되어야지 어느 일정 시기에만 한정하여 진행되어서는 안 된다. 신기술 개발에 따른 경쟁사의 특허권 등록은 계속 이루어질 수 있기 때문이다.

3. 특허정보 검색 방법

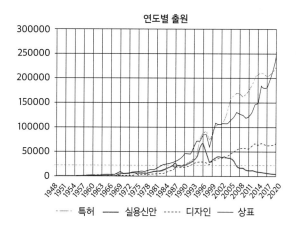

그림 1-2-10 연도별 지식재산 출원 현황   출처: 특허청 '지식재산 통계 서비스'

전 세계적으로 매년 수백만 건의 지식재산권이 출원되고 있다. 위의 그림에서 볼 수 있듯이 우리나라에서만 보아도 매년 많은 양의 특허가 출원되고 있음을 알 수 있다. 따라서 특허정보 자료를 조사하기 위해서는 효율적인 특허정보 검색 방법도 중요하다.

특허정보는 해당 국가의 특허청을 직접 접속하여 검색하거나 또는 특허검색 DB를 사용하여 검색할 수 있다. 우리나라에서 운영되는 특허검색 DB는 유료와 무료의 2가지 종류가 있다. 한국특허정보원에서 운영하는 무료의 KIPRIS(www.kipris.or.kr)와 데이터베이스 및 온라인정보 제공업체인 ㈜웹스에서 유료로 운영하는 WIPS(www.wipscorp.com)가 있다. 여기서는 우리나라에서 운영되는 대표적인 무료 특허검색 DB인 KIPRIS를 소개하고자 한다.

검색 시스템	사이트
한국 특허청	http://www.kipris.or.kr
미국 특허청	http://www.uspto.gov
일본 특허청	https://www.jpo.go.jp/
유럽 특허청	https://www.epo.org/
중국 특허청	http://english.cnipa.gov.cn/

표 1-2-1 주요 국가의 특허정보 사이트

가. 특허정보 검색 과정과 단계

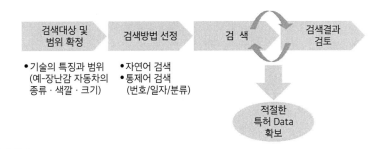

그림 1-2-11 특허정보 검색 과정과 단계

특허정보를 검색하기 위해서는 먼저 검색할 기술의 대상과 범위를 명확히 하여 확정하는 것이 중요하다. 왜냐하면 검색 대상과 범위가 불명확한 상태에서 검색을 진행하면 검색하여 나오는 결과물을 검토하는 과정에서도 적절한 특허 데이터를 확보하지 못하여 만족스럽지 못하기 때문에 재검색하는 과정을 그만큼 많이 반복하게 된다.

검색방법에는 일반적으로 자연어 검색과 통제어 검색이 있다. 자연어 검색은 검색자가 기술내용이나 기술주체 등을 대상으로 임의로 자연어를 선택하여 검색하는 방법이다. 예를 들면 발명의 명칭이나 초록, 청구범위 등에서 특징적인 주제어를 입력하여 검색하거나 출원인, 발명자 등에서 기술주체를 검색하는 것이다. 통제어 검색은 특허정보 검색시스템에서 검색시스템의 종류에 따라 엄격히 정해진 형식에 의해 검색을 진행하는 방법이다. 특허번호나 특허분류에 따른 검색이 여기에 해당된다.

나. 특허정보의 구분

특허정보에는 발명의 기술적 내용을 상세하게 설명한 기술정보와 권리의 범위를 확정하는 권리정보 그리고 권리의 주체에 대한 정보가 포함되어 있다. 각각의 정보에 대하여는 무료 사이트인 한국특허정보원의 검색방법을 활용하여 검색할 수 있다.

정보의 구분	기재 내용
발명의 기술적 특성에 관한 정보	발명의 상세한 설명, 청구범위 요약, 도면, 특허분류 등
특허출원에 관한 권리정보	출원국가, 출원/등록번호 출원/등록일 등
권리주체에 관한 정보	출원인 발명자

표 1-2-2 특허정보의 구분

다. 키워드를 이용한 특허정보 검색

특허정보에 포함된 기술정보를 자연어 형식으로 키워드 검색을 통하여 살펴보자.

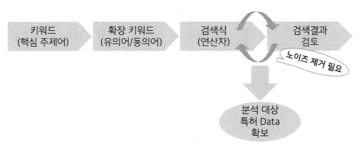

그림 1-2-12 키워드 검색 과정

　키워드는 해당 특허기술을 가장 잘 나타내는 핵심 주제어를 말한다. 적절하지 못한 키워드로 검색을 수행할 경우에 특허정보가 있는데도 불구하고 추출해내지 못하거나 반대로 관련 없는 특허정보가 다수 포함되어 이를 검토하는데 불필요한 시간이 소요되는 경우가 발생할 수가 있다. 따라서 키워드 선정은 그 기술 분야를 잘 이해하여 선정해야 한다. 그리고 가능한 누락되는 특허정보 없이 데이터를 추출하기 위하여 확장 키워드를 사용한다. 보통은 추출된 각 키워드마다 확장 키워드들을 병렬로 나열하고 모든 키워드들을 다시 AND 조합으로 묶어서 검색식을 작성한다. 원하는 수준의 특허정보 데이터를 확보하기 위하여 검색식을 수정하여 반복 검색을 되풀이함으로 노이즈를 제거한 적절한 분석 대상 데이터를 확보할 수 있다.

키워드	확장 키워드
자동차	차량, 승용차, 비히클, car, vehicle, automobile, motorcar, motor-car
텔레비전	텔레비, 테레비, television
살균	멸균, 소독, 제균, sterilize, sterilant, disinfect

표 1-2-3 키워드와 확장 키워드의 예시

다음은 실제로 무료 검색 DB 사이트인 한국특허정보원의 검색 시스템에 대한 사용법을 알아보고자 한다. 아래 그림은 한국특허정보원(www.kipris.or.kr)의 무료 특허검색 화면이다. 한국내의 특허/실용신안/디자인/상표에 관한 지식재산권 정보를 정확하게 제공하고 있으며 해외특허(미국, 일본, 유럽, PCT)에 대한 검색도 가능하다. 또한 개별 건에 대한 현재의 법적 상태도 확인할 수 있다.

그림 1-2-13 한국 KIPRIS 무료 특허검색 화면

간단한 실례로서 한국특허정보원(www.kipris.or.kr)의 무료 특허검색사이트를 활용하여 COVID-19 상황에서 자주 사용하였던 마스크를 주제어로 검색을 해보자. 발명의 명칭이 마스크이면서 특허명세서의 초록에 미세먼지에 관하여 기술된 특허정보를 찾아보기로 한다.[1]

---

1   http://kpat.kipris.or.kr/kpat/searchLogina.do?next=MainSearch

그림 1-2-14 복수키워드 검색

그림 1-2-15 키워드 검색 결과

그림 1-2-14는 발명의 명칭이 마스크이면서 초록에 미세먼지가 들어가 있는 복수 키워드로 특허정보의 문헌을 검색하는 화면이다. 그림 1-2-15에서는 이러한 조건으로 검색한 결과, 최초에 총 631건의 특허가 검색되

었다. 이 검색 결과를 바탕으로 검색 목적에 따라 반복 검색을 통하여 적절한 분석 대상 데이터를 확보하게 된다.

그리고 다음의 표 1-2-4는 연산자를 사용한 검색식의 예를 나타낸다.

연산자	유형	검색식(예시)	연산자 설명
*	AND	마스크*미세먼지	입력된 키워드 모두를 포함한 결과만을 검색하는 것
+	OR	마스크+미세먼지	입력된 키워드 중 하나라도 포함한 결과를 검색하는 것
!	NOT	마스크*!미세먼지	입력된 키워드 2개 중 1개는 반드시 포함하고 다른 해당 키워드가 포함되지 않은 결과만을 검색하는 것
^#	근접 배열	마스크^2미세먼지	인접한 키워드와의 거리가 2단어 이하로 떨어져 있는 구문을 검색하도록 설정하는 것
( )	괄호	마스크* (미세먼지+형사)	복수 개의 키워드를 활용할 경우, ( ) 부분을 우선순위로 정하여 검색하는 것
" "	구문	"마스크미세먼지"	공란이 포함되고 연속적으로 기재된 구문을 검색

표 1-2-4 연산자 사용 검색식 예

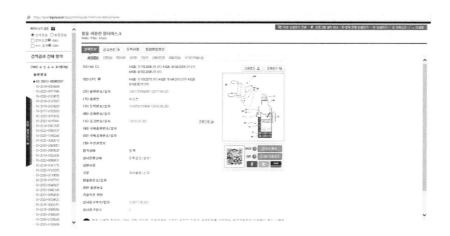

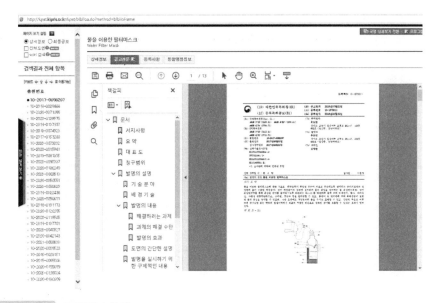

그림 1-2-16 특허정보 문서

위의 그림 1-2-16은 검색된 특허정보 중에서 개별 한 건의 발명에 대한 정보를 나타낸다. 이를 통하여 본 발명에 대한 상세한 내용을 파악할 수 있다.

제3장

창의적 사고도구 기법

창의력 발휘를 위하여

1. 필요한 자세

- 재미와 호기심 - 지속성
- 정보의 수집과 가공을 위한 분석 - 재결합
- 도전과 실행 - 훈련

세상에서 어떤 일을 할 때 재미를 갖고 하는 사람과 꾸준히 하는 사람을 이길 수가 없다. 왜냐하면 재미를 갖고 하는 사람이나 꾸준히 하는 사람 모두 다 그 일을 지속성을 갖고 하고 있기 때문이다. 결국에는 지속적인 실행력이 큰 차이를 만들게 되는 것이다. 아무리 좋은 방법을 배웠어도 지속적인 실행이 뒤따르지 않으면 소용이 없다.

우리는 지금 정보의 홍수 시대에 살고 있다. 넘쳐나는 정보를 잘 파악하고 이를 가공하여 재결합하는 능력이 필요하다. 창의적인 새로운 아이디어는 여러 가지 지식을 재결합하는 가운데 탄생하는 경우가 많다.

위에서 언급한 지속적인 실행은 훈련을 의미한다. 프로 골프 선수들도 이미지 트레이닝을 한다고 한다. 창의력도 훈련을 통하여 향상이 가능하다.

창의적인 아이디어 발상을 위한 몇 가지 방법들을 소개할 예정이다. 각자가 여기에 소개되는 사고도구들을 잘 활용하여 훈련하는 것이 필요하다.

일반적인 훈련의 과정은 대부분 아래와 같은 절차를 거쳐 이루어진다.

■ 종래의 문제점이 포함된 기존제품의 구성 요소 분해
■ 도출된 아이디어 적용 가상제품 = 기존제품 + 사고도구를 적용한 구성 요소의 재결합
■ 시장성 / 타당성 검토
■ 수정 및 개선된 신상품 아이디어

창의적인 아이디어 발상을 위한 사고도구에 대해서는 제3절에서 지속적인 실행을 위한 훈련으로서 조금 더 구체적인 활용 사례를 들어 소개할 예정이다.

2. 창의력을 향상시키는 방법

창의력을 향상시키기 위하여 양적 측면과 질적 측면의 사고가 상호 보완적으로 이루어져야 한다.

가. 양적 측면의 확산적 사고

제한된 시간 내에 빠르고 많은 양의 아이디어를 생성하기 위한 사고 방법이다. 확산적 사고에는 우리가 잘 아는 브레인스토밍/브레인라이팅 그리고 형태분석/속성열거, 체크리스트, SCAMPER 등의 기법이 있다. 현재의 문제를 해결하기 위한 사용목적에 따라 어떤 기법을 사용할지가 달라질 수 있다. 이 기법을 사용할 때 가장 중요한 것은 아이디어의 평가를 유보한다는 것이다.

사고기법	사용목적
브레인스토밍	팀 단위의 사고 발상 기법으로 아이디어를 증폭시키며 많은 양의 아이디어 도출을 원하고자 할 때
브레인라이팅	많은 양의 아이디어와 함께 약간 개량하여 보충적인 것을 원할 때

체크리스트	기존 아이디어를 체크 항목을 통해 수정시키거나 변화시켜 개선점을 찾아가면서 상당히 독창적인 아이디어를 원할 때
속성열거법 형태분석법	해결하려는 과제의 속성과 형태적 측면의 특성을 분석하여 생성된 아이디어를 문제에 직접적으로 적용하여 큰 변화 없이 해법을 찾고자 할 때
SCAMPER	고정된 사고의 틀에서 벗어나 아주 혁신적인 아이디어를 원할 때 Substitute(대체), Combine(결합), Adapt(적용), Modify(수정), Put to other use(다른 용도 활용), Eliminate(제거), Rearrange(재배치)

표 1-3-1　확산적 사고기법과 사용목적

나. 질적 측면의 수렴적 사고

여러 가지 대안으로 생성된 아이디어 중에서 실제로 실현할 수 있는 가장 바람직하고 유망한 아이디어를 선택할 때 사용된다. 이를 위하여 아이디어의 평가 과정 중에서 강점이나 긍정적인 면은 살리고 단점은 수정하고 보완해 나간다. 즉 의사결정의 초점을 잘라내는데 두는 것이 아니라 문제를 해결하기 위한 목적에 맞게 대안을 찾고 만드는데 두어야 한다.

사고기법	사용목적
히트기법 (Hits)	대안의 수가 너무 많을 때 직관에 따라 선정된 몇 개의 대안들을 아이디어 앞에 체크(V) 표시를 하여 선택하는 기법
하이라이팅기법 (Highlighting)	선택된 대안들을 공통 특징이나 요소에 따라 몇 개의 범주로 분류(hotspot)하여 조직화 함
평가행렬법 (Evaluation Matrix)	여러 가지 아이디어와 평가기준(요소)을 가로·세로 각각의 축에 작은 평가행렬표를 작성하여 각 아이디어들을 체계적으로 평가하는 기법 매우 구체적인 기법을 통해 위험성을 줄여 아이디어를 선별할 수 있음(하이라이팅기법에 의해 분류된 대안의 수가 제법 되지만 너무 많지 않을 때 유익)

쌍비교분석 (Paired Comparison Analysis)	공통된 영역으로 분류된 것에 우선순위를 정하여 대안을 선택 하고 결정해야 할 때 활용되는 기법
ALU, PMI, P-P-C	Advantage, Limitation, Unique qualities Plus, Minus, Interesting Positive, Possibilities, Concerns 우선순위가 매겨진 적용 가능한 몇 개의 대안들 중에서(3~5개) 각각을 좀 더 구체적으로 분석해 다듬고 향상시킬 때 적절한 기법
역브레인스토밍 (Reverse brainstorming)	문제의 해결을 위해 브레인스토밍과 반대로, 아이디어가 가지 는 약점들을 비판하여 최대한 실현 가능한 아이디어들을 추출 해 보는 역발상적인 기법(대안의 수가 10개 미만일 때 효과적)

표 1-3-2 수렴적 사고기법과 사용목적

3. 창의력 사고 구성 요소

- 변화에 적응하는 융통성
- 호기심을 갖고 주목하는 관찰력
- 다양한 목적이나 관점에서 분해하여 재구성하는 능력
- 구체적인 이미지로 형상화 해내는 상상력

가. 변화에 적응하는 융통성

융통성(Flexibility)은 변화하는 상황에 적응할 수 있는 능력을 말한다. 우리는 지금 불확실성 시대에 살아남기 위하여 변화에 적응하고 극복할 수 있는 능력이 필요하다. 미래에는 세상의 문제들을 포착하고 풀어내서 새로운 가치를 창출하는 적응력이 필요하다. 즉 미래의 적응력은 어떤 문제를 만났을 때 그 문제에 접근하는 사고의 폭을 넓혀 여러 종류의 문제해결 방법을 찾아낼 수 있는 융통성(Flexibility) 능력이다. 이것은 기존의 아이디어를 보다 상황에 맞게 완성도를 높여 발전시킬 수가 있다.

나. 호기심을 갖고 주목하는 관찰력

1979년 6월 오스트레일리아의 로열 퍼스 병원에 근무하는 병리학자 로빈 워런(Robin Warren)이 현미경을 들여다보다가 세계를 바꿀 무엇인가를 발견하였다. 1982년 헬리코박터 파일로리(Helicobacter pylori)라는 이름이 붙여진 신종 박테리아였다. 세균학이 시작된 이래 과학자들은 위 속에서 박테리아가 성장할 수 없다고 알고 있었다. 위는 산성이고 따라서 무균이라고 생각했다. 그러나 워런은 병리학에 관한 지식이 늘어갈수록 '주지의 사실'에 예외가 있는 경우가 많다는 사실을 발견하고 의학 교재나 의사회가 아니라 자기의 눈을 믿는 쪽을 선호하고 연구를 계속하였다. 그는 마셜(Bary Marshall)과 함께 계속 연구를 진행하여 마침내 이것이 위염 및 위궤양 질환에 미치는 영향을 규명한 공로를 인정받아 2005년 노벨 생리의학상을 수상하였다.

1940년에 하버드 대학교 연구원 스톤 프리드버그(Stone Freedberg)도 헬리코박터 파일로리를 발견했으나 그의 지도교수가 틀렸다고 말하면서 그가 연구를 그만두게 했으며, 1875년까지 거슬러 올라가는 의학문헌에서도 헬리코박터 파일로리의 존재가 발견되었다.[1] 실제로 워런이 헬리코박터 파일로리를 발견하기 전까지 수많은 과학자가 그 박테리아의 존재를 사진에서 보았다. 그러나 보인다고 해서 모두 보는 것은 아니다. 호기심을 갖고 주목하는 관찰력이 있어야 비로소 보이고 인식하게 되는 것이다.

다. 다양한 목적이나 관점에서 분해하여 재구성하는 능력

지금까지 축적된 지식이나 수집된 정보를 이용하여 종래의 것을 다른 목적이나 관점에서 그것의 요소들을 분해하여 기능 또는 특성을 재구성하는 능력을 말

---

1   Kevin Ashton, How to Fly a Horse: The Secret History of Creation, Invention, and Discovery, Doubleday, 2015. (이은경 옮김, 창조의탄생, 북라이프, 2015, pp.155~160)

한다. 축적된 지식과 정보가 아무리 많고 좋은 것이라 할지라도 그것을 분해하고 가공하여 창의적으로 재구성할 수 있는 능력이 없으면 아이디어의 진가를 발휘할 수가 없다. 위대한 발명의 단초가 될 수 있는 비밀이 자연 속에는 무진장으로 숨겨져 있어 이를 재발견하여 구성하면 되기 때문에 재구성하는 능력은 창의력 사고에 있어 매우 중요한 구성 요소이다.

라. 구체적인 이미지로 형상화 해내는 상상력

재발견하여 재구성하는 능력은 다른 말로 창조적 모방이라고 할 수 있다. 단순한 모방이면 짝퉁에 불과하게 된다. 창조적 모방을 위하여 절대적으로 필요한 것이 상상력이다.

죠지 버나드 쇼우(Goorge Bernard Shaw)는 '창조의 시작이 상상력'이라고 하였다. 아인슈타인도 '지식보다 상상력이 중요하다.'라고 말하였다.

상상력은 눈에 보이지는 않지만 그렇다고 존재하지 않는 것을 그리는 능력은 아니다. 그러므로 자신의 경험이나 지식을 뛰어넘어 다른 세계를 인정하고 배려하면 반드시 새로운 어떤 것을 만들어낼 수 있게 된다. 즉 고정관념을 버리고 다양한 관점에서 자신의 축적된 경험이나 지식을 새롭게 구체적인 이미지로 형상화 해내는 능력이 상상력이다.

TRIZ (발명적 문제 해결론)

1. 아이디어 발상의 출발

우리는 앞에서 문제해결을 위하여 많은 사람들이 찾아낸 해법들이 축적되어 있는 특허정보를 찾아보는 방법들을 알아보았다. 그런데 이러한 방대한 양의 특허정보들을 살펴보고 분석하여 어떤 규칙이 공통적으로 존재함을 발견하고 이를 체계적으로 정리한 이론이 있다. 이 이론을 발명적 문제 해결론(Theory of Inventive Problem Solving)이라고 한다. 러시아 과학자 겐리히 알트슐러(Genrich Altshuller)에 의해서 개발되었기 때문에, 발명적 문제 해결론을 러시아어(Teoriya Resheniya Izobretatelskikh Zadatch)로 표기할 때 이 글자들의 머리글을 따서 TRIZ라고 부르고 있다.

2. 발명의 규칙성

 수많은 발명에서 발견한 발명의 규칙성

■ 피망의 꼭지와 씨앗 제거

피망을 밀폐된 용기에 넣고 서서히 압력을 높이면 전체적으로 피망이 쭈그러들게 된다. 서서히 높아진 압력이 일정 부분에 도달하게 되면 이때 피망에서 가장 약한 부분인 꼭지 부분에 먼저 균열이 생기기 시작하게 된다. 압축된 공기는 이곳을 통하여 피망의 내부로 들어가면서 용기 안의 압력과 피망 안의 압력이 드디어 같아지게 된다. 이때 용기 안의 압력을 갑자기 낮추게 되면 급격한 압력 변화로 인해 피망 안의 압력이 더 높은 상태에서 용기 안의 낮은 압력 쪽으로 평형을 이루기 위하여 공기의 흐름이 일어나게 되는데 이때문에 피망의 가장 약한 부분인 꼭지가 터지면서 피망 안의 씨앗이 함께 제거된다. 이것은 1945년에 특허를 받았다.

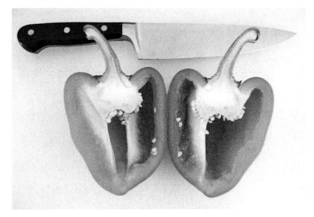

그림 1-3-1 피망의 씨앗   출처: https://commons.wikimedia.org/by Paul Goyette (CC BY-SA)

■ 도토리의 껍질 제거

도토리를 밀폐된 용기에 물과 함께 넣고 열을 가하면 압력이 서서히 올라간다. 압력이 일정 수준에 도달하면 갑자기 압력을 낮춘다. 도토리 열매 껍질 속에 스며들었던 고압의 가열된 물이 용기 안의 낮아진 압력 때문에 껍질을 터뜨리면서 껍질이 제거된다. 이것은 1950년에 특허를 받았다.

그림 1-3-2 도토리와 껍질까기   출처: https://commons.wikimedia.org/by Dakota L
(CC BY-SA), by oomlout (CC BY-SA)

■ 인조 다이아몬드 혹은 균열이 있는 수정 쪼개기

균열로 흠집이 있는 결정체를 그대로 사용할 수가 없어 가능하면 쪼개어 사용하길 원하는 경우에 어떻게 하면 좋을까? 특히 다이아몬드 같은 경우는 고가이기 때문에 흠집이 있는 결방향대로 쪼개어 사용할 수 있다면 무척 유익할 것이다.

이것도 균열이 있는 결정체를 용기에 넣고 용기의 압력을 수천 기압까지 올린 후 갑자기 압력을 낮추면 균열에 스며들었던 고압의 공기가 균열을 따라 팽창하면서 결정체가 갈라지게 된다. 이 방법은 1972년에 특허를 받았다.

■ 필터의 먼지 제거

위에서 사례로 든 몇 건의 특허분석을 통하여 우리도 이제는 이와 비슷한 유형의 문제에 대해서는 해결 방법을 찾을 수 있을 것이다.

만약 에어컨이나 청소기의 필터에 쌓인 먼지를 제거하려 한다면 어떻게 하면 좋을까?

필터를 꺼내어 봉지에 넣어 봉한 후 5~10기압의 압력을 가한 다음 갑자기 압력을 떨어뜨리면 이때 필터에 끼었던 먼지가 낮아진 압력 때문에 공기와 함께 밖으로 분리되어 나올 것이다.

알트슐러는 수백만 건의 특허를 분석한 후 이것을 일정한 규칙에 따라 우리가 사용하기 쉽게 정리하였다. 이것이 위에서 말한 발명적 문제 해결론인 TRIZ라고 하는 것이다.

3. 발명의 수준

알트슐러는 수백만 건의 특허를 분석하면서 발명의 난이도에 따라 다음과 같은 5단계의 수준으로 특허를 분류하였다.

Level	발명의 수준	비율(%)	필요한 지식	사례
Level 1	진보성이 결여된 상식 수준의 해결책	32	• 개인의 경험·지식 • 기술적 모순이 없음	• 큰 힘을 얻기 위하여 마차에서 쌍마차로 변경
Level 2	진보성이 있는 작은 개선의 소발명	45	• 축적된 사내지식 • 해당 분야의 통상적인 지식을 이용한 모순 해결	• 일회용 종이컵의 플라스틱 뚜껑을 닫은 상태에서도 화상입지 않고, 바로 마실 수 있도록 디자인한 뚜껑 • 무선 마우스의 USB를 안에 내장하도록 디자인한 마우스
Level 3	진보성이 높은 획기적인 개선의 대발명	18	• 산업 내 축적된 지식 • 다른 분야 지식을 이용한 모순 해결	• 평판 Display 대신 flexible Display
Level 4	신개념의 발명	3	• 산업 외 지식 • 자연과학의 원리를 이용한 모순의 해결	• 운송 수단으로 수소 자동차 엔진의 발명
Level 5	발견	1	• 모든 지식 • 자연과학 원리의 발견 및 응용	• DNA • 노벨 생리의학상 수상자 로빈 워런(Robin Warren)이 발견한 헬리코박터 파일로리(Helicobacter pylori)

표 1-3-3 발명의 수준　　　　　출처: 특허청·한국발명진흥회, 지식재산권 입문, 성민, 재구성

　　이 분류에 의하면 Level 1과 Level 2의 문제는 상식적인 수준에서 해결할 수 있는 문제로 전체의 77%를 차지하고 있으며, Level 5는 현재의 과학지식 수준을 뛰어넘는 단계로 순수과학에서 새로운 발견에 해당하는 것으로 겨우 1%밖에 되

지 않는다. 전체적으로 본다면 Level 5를 제외한 99%의 문제가 이미 알려진 지식을 이용하여 해결하고 있음을 통계적으로 설명하고 있다.

즉 99%의 특허들은 이미 기존의 것들을 새롭게 잘 결합하여 해결하는 것이다.[2] 아마도 새롭게 잘 결합하기 위해서는 무수한 시행착오를 겪었을 것이다. 여기에 다행히도 자신의 경험과 지식을 바탕으로 문제를 해결할 수 있다면 시행착오를 줄일 수 있지만, 자신의 분야를 벗어나는 수준의 문제를 만나게 된다면 해결책이 어려워지게 된다.

알트슐러는 수백만 건의 특허분석을 하면서 Triz로 체계적인 학습과 훈련을 한다면 시행착오를 줄이며 자신의 경험과 지식의 수준을 벗어나는 문제에도 아주 유용하게 활용할 수 있는 도구가 될 수 있다고 확신했다.

4. TRIZ(발명적 문제 해결론)

아래 그림 1-3-3은 알트슐러가 제시한 트리즈의 적용 원리를 나타낸 것이다.

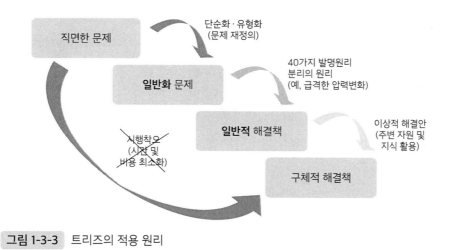

그림 1-3-3 트리즈의 적용 원리

---

2   특허청 · 한국발명진흥회, 지식재산권 입문, 성민, 2007, p.354

트리즈는 당면 문제를 해결하기 위하여 우선 문제를 단순화·유형화하여 재정의함으로 일반화한다. 이렇게 당면 문제를 재정의하여 일반화하는 단계를 거치는 것은 기존의 기술적 고정관념을 타파하고 배제하여 일반화했기 때문에 다른 분야의 특허에서 얻은 일반적 해결 방법을 적용할 수 있기 때문이다. 여기에 일반적 해결책을 바탕으로 주변의 자원과 지식을 활용하여 구체적인 해결책을 마련할 수 있게 된다. 즉 이렇게 함으로써 많은 시행착오를 줄이고 시간과 비용을 최소화할 수 있게 된다.

가. 모순 (Contradiction)

트리즈에는 모순이란 개념이 있는데, 모순을 기술적 모순(Technical Contradiction)과 물리적 모순(Physical Contradiction)으로 나누어 설명한다.

기술적 모순은 어느 하나(시스템의 A인자)의 특성을 개선하려고 하면 다른(B인자)특성이 악화되는 상황을 말한다. 만약 자동차의 연비를 개선하기 위하여 자동차를 **무겁고 두꺼운 강판** 대신 조금 가볍고 얇은 철판으로 만든다면 강도가 떨어져서 **안정성**에 문제가 일어나게 되는 모순이 발생한다.

물리적 모순은 한 개의 변수가 동시에 다른 두 가지 값을 갖는 것을 말한다. 동시에 다른 두 가지 값을 갖는다는 것은 어떤 인자 C가 때로는 필요하지만 때로는 필요하지 않은 모순을 말한다. 비행기의 랜딩기어는 이·착륙 시에는 반드시 필요하지만 비행 중에는 공기의 저항을 받기 때문에 오히려 불필요하다. 비행기의 날개도 마찬가지이다. 그렇기 때문에 비행기가 일정 고도에 이르면 순항하기 위하여 날개의 일부를 조정하여 공기의 저항을 최소화한다. 이것이 물리적 모순이다.

그림 1-3-4 비행기의 날개

트리즈에서 이러한 기술적 모순이 포함된 문제를 발명적 문제(Inventive Problem)라고 하며, 기술적 모순을 근원적으로 해소하는 것을 발명적 해결책(Inventive Solution)이라고 한다. 그러나 전통적인 해법에서는 모순이 발생할 경우에 이를 근원적으로 해결하기보다는 최적의 해를 찾으려고 노력하였다.

나. 40가지 발명원리

알트슐러는 150만 건이 넘는 특허를 분석하여 기술적 모순을 해결하는데 사용되는 40가지의 공통적인 발명원리를 표 1-3-4와 같이 추출하였다.

1	분할(Segmentation)	21	고속처리(Rushing through)
2	추출(Extraction)	22	전화위복 (Convert harm into benefit)
3	국소적 성질(Local quality)	23	피드백(Feedback)
4	비대칭(asymmetry)	24	매개체(Mediator)
5	통합(Combining, Integration)	25	셀프서비스(Self-service)
6	범용성/다용도(Universality)	26	복제(Copying)
7	포개기(Nesting)	27	일회용품(An inexpensive short-life object instead of an expensive durable one)
8	평형추(Counterweight)	28	기계시스템의 대체(Replacement of mechanical system)
9	선행반대조치(Prior counteraction)	29	공압식/유압식구조물(Use a pneumatic or hydraulic construction)
10	선행조치(Prior action)	30	유연한 필름 또는 얇은 막(Flexible film or thin membranes)
11	사전예방(Cushion in advance)	31	다공질재료(Porous material)
12	높이 맞추기(Equi-potentiality)	32	색깔변경(Changing the color)

13	반대로 하기(Inversion)	33	동종성(Homogeneity)
14	구형화(Spheroidality)	34	폐기 및 재생(Rejecting and regenerating parts)
15	역동성(Dynamicity)	35	속성변환(Parameter change)
16	과부족조치 (Partial or overdone action)	36	상전이(Phase transition)
17	차원 바꾸기 (Moving to a new dimension)	37	열팽창(Thermal expansion)
18	기계적 진동(Mechanical vibration)	38	산화가속(Use strong oxidizers)
19	주기적 작동(Periodic action)	39	불활성환경(Inert environment)
20	유익한 작용의 지속 (Continuity of useful action)	40	복합재료(Composite materials)

표 1-3-4 40가지 발명원리

40가지 발명원리 중에서 다음 그림은 3번 국소적 성질을 이용하여 문제를 해결한 사례이다. 발명원리 3번 국소적 성질을 이용한다는 것은 전체적으로 동질한 것에서 국부적으로 필요한 부분만을 가장 유리한 조건으로 만들어 최상으로 동작시켜 문제를 해결하는 것이다.

그림 1-3-5 발명원리 적용 사례

출처: 좌: https://commons.wikimedia.org/ Public domain, 우: 필자촬영

다. 표준특성변수(Engineering Parameters)

기술적 모순을 일으키는 수많은 특성변수 중에서 대표적인 39가지 특성변수를 추출하였다. 어떤 문제를 해결하기 위하여 40가지의 발명원리들을 전부 적용해 볼 수 없으므로 기술적 모순을 자주 일으키는 대표적인 특성변수를 추출하여 표준화시킨 것으로서, 이를 통해 해당되는 발명원리를 도출하였다.

1	움직이는 물체의 무게(Weight of moving object)	21	동력(Power)
2	고정된 물체의 무게(Weight of non moving object)	22	에너지의 낭비(Waste of energy)
3	움직이는 물체의 길이(Length of moving object)	23	물질의 낭비(Waste of substance)
4	고정된 물체의 길이(Length of non moving object)	24	정보의 손실(Loss of information)
5	움직이는 물체의 면적(Area of moving object)	25	시간의 낭비(Waste of time)
6	고정된 물체의 면적(Area of non moving object)	26	물질의 양(Amount of substance)
7	움직이는 물체의 부피(Volume of moving object)	27	신뢰성(Reliability)
8	고정된 물체의 부피(Volume of non moving object)	28	측정의 정확성(Accuracy of measurement)
9	속도(Speed)	29	제조의 정확성(Accuracy of manufacturing)
10	힘(Foce)	30	물체에 작용하는 해로운 요인(Harmful factors acting on object)
11	압력(Tension/Pressure)	31	유해한 부작용(Harmful side effects)
12	모양(Shape)	32	제조 용이성(Manufacturability)

13	물체의 안정성(Stability of object)	33	사용 편의성(Convenience of use)
14	강도(Strength)	34	수리 가능성(Repairability)
15	움직이는 물체의 내구력 (Durability of moving object)	35	적응성(Adaptability)
16	고정된 물체의 내구력(Durability of non moving object)	36	장치의 복잡성(Complexity of device)
17	온도(Temperature)	37	조절의 복잡성(Complexity of control)
18	밝기(Brightness)	38	자동화의 정도(Level of automation)
19	움직이는 물체가 소모한 에너지(Energy spent by moving object)	39	생산성(Productivity)
20	고정된 물체가 소모한 에너지(Energy spent by non moving object)		

표 1-3-5 39가지 표준특성변수

라. 모순행렬(Contradiction Matrix)

특허를 분석하여 기술적 모순을 자주 일으키는 표준특성변수 39가지를 찾았고, 이 파라미터를 행과 열로 나열하여 모순행렬을 만들었다.

여기서 표준특성변수들의 조합이 일으키는 해결책을 40가지의 발명원리들로 정리하였다.

그림 1-3-6 모순과 발명원리, 표준특성변수와의 관계

앞에서 언급한 자동차의 연비 문제를 개선하기 위하여 두꺼운 강판 대신 얇은 철판이나 가벼운 플라스틱으로 만든다면 자동차의 안전성을 악화시키는 문제가 일어나는 모순이 발생한다. 여기서 이러한 모순을 자주 일으키는 표준특성변수 39 가지 중에서 개선특성인자 1과 악화특성인자 13이 만나는 행렬에서 기술적 모순을 근원적으로 해결하기 위해 트리즈에서는 40가지의 발명원리들을 제시한다.

자동차의 연비개선 문제

악화특성인자 / 개선특성인자	13. 물체의 안정성
1. 움직이는 물체의 무게	40가지의 발명원리

그림 1-3-7 모순행렬이 추천하는 해결책

특허권리 분석으로 확인해 보는 발명적 해결책
[Pizza Box – 미국특허 등록번호 USP 05472139]

우리는 앞에서 알트슐러가 150만 건이 넘는 특허를 분석하여 기술적 모순을 해결하기 위한 40가지의 공통적인 발명원리를 도출하였음을 알았다. 그러면 이번에는 특정 특허의 권리를 분석하여 특허에서 제시된 구체적 해결책이 모순행렬이 추천하는 발명원리와 어떻게 일치하는지를 살펴보고자 한다.

■ 피자상자 문제:

피자를 고객이 주문하여 배달할 때 갓 구워낸 피자를 최적의 상태로 맛보기 위하여 가능한 빠른 시간 안에 배달하려고 노력한다. 그러나 이와 같은 노력에도 불구하고 피자를 배달할 때 피자 상자 내부의 증기 (steam)로 인해 피자가 차가워지고 피자상자도 젖게 되는 경우가 발생한다. 피자상자가 젖어 축축하게 되면 피자와 접촉되어 피자 맛도 떨어지게 된다.

그림 1-3-8 피자상자(Pizza Box)
출처: https://commons.wikimedia.org/by 락 드럼
(CC BY-SA), by 임페리얼(CC BY-SA)

■ 특허의 주요 권리 내용:

이러한 문제를 해결하기 위하여 미국에서 1993년에 특허를 출원하여 1995년에 등록받은 특허가 있다. 특허로 등록받은(등록번호 05472139) 피자상자(Pizza Box)의 주요 권리 내용을 대표도면과 함께 살펴보면 다음과 같다.

[미국] Pizza box (피자 박스)
등록번호/일자 05472139 (1995.12.05)

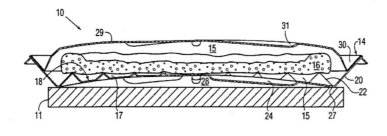

그림 1-3-9   피자상자(Pizza Box)
미국특허의 대표 도면

출처: http://abpat.kipris.or.kr/abpat/searchLogina.
do?next=MainSearch

본 발명의 피자박스 하부 바닥 구조로 공기 절연성 공간(28)을 확보하여 열대류 특성을 향상시킬 수 있으며, 또한 비용과 재료를 절감하면서 종래 기술의 박스에 비해 훨씬 개선된 지지 강도를 확보할 수 있는 것을 특징으로 한다.

피자박스의 하부 바닥 구조는 **구부러진, 볼록 모양**(The curved, convex shape of the floor) 형태의 하부 표면(18)과 표면 중간에 설치된 다수의 원추형 **직립 돌출부**(cone-shaped with rounded tops, a plurality of upstanding projections 22)로 구성된다.

이러한 하부 구조는 뜨거운 피자 제품(16)과 하부면의 접촉면도 최소화 하여 별도의 절연 공간(substantially closed insulating air-space 17)도 확보하면서 피자가 빨리 차가워지는 것도 방지할 수 있는 유익이 있다.

■ 모순행렬을 이용한 발명적 해결책:

배달 중 피자가 차가워지거나 피자상자가 젖는 것을 방지하려면 피자상자를 단단히 닫아 **공기 순환을 막는 것**이 중요하다.

또한 피자상자 내부에 적절한 **환기를 시켜서 수증기가 빠져나가도록 하여** 습기 축적을 줄여야 피자상자가 젖는 것을 방지한다.

이러한 모순을 해결하기 위하여 모순행렬이 추천하는 발명적 해결책의 도출은 아래와 같다.

개선 특성인자 \ 악화 특성인자	23. 물질의 낭비	35. 적용성	14. 강도	8. 고정된 물체의 부피	30. 물체에 작용하는 해로운 요인	발명적 해결책의 피자상자 문제 적용
13. 물체의 안전성	발명원리 2. 추출 14. 타원체 형상 30. 유연한 필름(or 얇은 막) 40. 복합재료				USP 5472139 A 1995년 미국 특허등록	2- 요소를 감소시키기 위한 피자상자 내부 농도 처리
16. 고정된 물체의 내구성		발명원리 2. 추출				17- 치수변화를 주기 위하여 상자바닥을 높임
8. 고정된 물체의 부피			발명원리 ** 9. 선행 반대조치 14. 타원체 형상 17. 차원변화 15. 역동성			22. 전화위복(모든 피해를 이익으로 변화)하려면 수증기를 온도를 높이기 위해 사용
27. 신뢰성				발명원리 2. 추출 35. 속성변환 24. 매개체		14. 구형화 적용을 위해 피자상자 바닥을 구형으로 다시 만들기
17. 온도					발명원리 22. 전화위복 33. 동종성 35. 속성변환 2. 추출	*31. 다공성 물질을 위하여 피자상자 바닥을 작은 구멍이 많게 만들기

그림 1-3-10 모순행렬을 이용한 발명적 해결책

*31 다공성 물질은 특성인자 해로운 부작용(31)과 움직이는 물체의 지속성(15)의 모순행렬에서 도출됨
** 모순을 근원적으로 해소하기 위해 종래에 적용되었던 발명원리가 사용빈도 순으로 정렬됨

위의 그림 1-3-10을 보면 특성인자들을 잘 찾아내는 것이 중요하다. 이를 통해서 발명의 완성도를 높이고 적합한 발명적 해결책 도출이 가능하기 때문이다.

마. 물리적 모순과 분리의 원리

물리적 모순은 한 개의 변수가 동시에 다른 두 가지 값을 갖는 것을 말하며, 동시에 다른 두 가지 값을 갖는다는 것은 어떤 인자 C가 때로는 필요하지만 때로는 필요하지 않은 모순을 말한다고 설명하였다.

물리적 모순으로 비행기의 날개와 랜딩기어를 예로 들었다.

그림 1-3-11 비행기의 랜딩기어   출처: by anncapictures from pixabay

　비행기의 랜딩기어는 이·착륙 시에는 필요하지만 일정한 고도 위로 올라가서는 바람의 저항을 최소화하기 위하여 더 이상 필요하지 않다. 물리적 모순을 해결하기 위하여 트리즈에서는 분리의 원리를 적용하여 해결한다. 분리의 원리에는 4가지가 있는데 시간에 의한 분리, 공간에 의한 분리, 부분과 전체에 의한 분리, 조건에 의한 분리이다. 다음 표 1-3-6은 기술적 모순의 4대 분리원리를 설명한 표이다.[3]

분리 원리	설명
시간(time) 의존형 분리	• 요구조건의 시간적 주기를 달리하여 필요한 때만 기능을 살린다. • 사례: 　- 신속한 배달 보증제의 피자 배달
조건(condition) 의존형 분리	• 조건에 따라 각각 다른 속성이 존재한다. • 사례: 　- CCTV-비명 소리가 나는 쪽으로 돌려서 녹화 　- 자동차 Automatic Windscreen Wipes(빗물의 양에 따라 Wiper의 속도를 변경)

3　특허청 · 한국발명진흥회, 위의 책, p.359

공간적 분리	• 구성 요소를 공간적으로 분리하여 자유도를 높인다. • 사례: - 프라이팬의 손잡이 분리(좁은 공간에서의 적재에 유용)
기능적 분리	• 부분적인 하나의 속성이 전체와 다른 특성을 갖게 한다. • 사례: - 도심 공항 터미널

표 1-3-6 기술적 모순의 4대 분리원리   출처: 특허청·한국발명진흥회, 지식재산권
입문, 성민, 재구성

    아래 표 1-3-7은 기술적 모순과 물리적 모순을 각각 설명하고 이에 대한 해결안을 나타내고 있다.[4]

구분	기술적 모순 (Technical Contradiction)	물리적 모순 (Physical Contradiction)
의미	• 시스템의 한 특성변수 A를 개선하고자 할 때, 그 시스템의 다른 특성변수 B가 악화되는 상태	• 특성(변수)은 하나이지만 서로 다른 값을 동시에 갖는 상태
예	• 항공기의 강도를 높이면 무게가 증가 • 자동차 안전을 위해 강철을 사용하면 연비가 낮아짐	• 항공기의 날개는 이착륙 시(넓어야 함)와 일정 높이의 순항고도(좁아야 함)에서 날개의 넓이가 서로 다르다. • 면도기의 날은 면도 시와 안전을 위한 보관 시의 값이 다르다.
해결 방법	• 40가지 발명원리-모순행렬	• 분리의 원리

표 1-3-7 모순에 대한 해결안 모형   출처: 특허청·한국발명진흥회, 지식재산권
입문, 성민, 재구성

---

4 특허청·한국발명진흥회, 위의 책, p.360

바. 이상성

트리즈에서는 문제를 해결하는데 적절한 타협점을 찾지 않고 모순을 근본적으로 해결하는데 초점을 두고 있다. 즉 문제 해결에 있어서 무한대의 가치를 추구하는 것을 목표로 하고 있다. 이것은 트리즈의 주요 개념 중의 하나인데 이것을 트리즈에서는 이상성이라고 한다.

우리가 어떤 문제를 해결함에 있어서 유용한 효과는 점점 높여 극대화하고 소요되는 비용은 최소화한다면 이상적인 해결책이 될 수 있다.

이상적 해결책(IFR: Ideal Final Result) = 유용한 효과 / 소요 비용

여기서 해결책이 무한대(∞)이면 가장 바람직한 이상적인 해결책이 된다. 즉 분모의 소요되는 비용이 0이면 이상적 해결책이 된다. 소요되는 비용이 0이라고 하는 것은 돈이나 시간이나 노력 등이 전혀 들어가지 않으면서 유용한 효과만 있는 것이다.[5]

사. 자원

문제를 해결하는데 있어서 문제가 무엇인지를 잘 파악하는 것도 중요하다. 문제는 우리가 목표로 하고 있는 것과 현재 상태와의 차이를 문제라고 이야기할 수 있다.

이러한 문제를 해결하기 위하여는 목표를 낮추어 현상에 접근시키든가 아니면 현상을 높여서 목표와의 차이를 없애야 한다. 여기서 현상을 높여서 목표와의 차이를 없애기 위하여 필요한 것이 자원이다.

자원은 문제 자체에 있기도 하고 그 주변 환경에 있는 활용 가능한 재료, 시간, 공간, 정보 등 모든 것을 의미한다. 즉 문제를 해결하기 위하여 쓰일 수 있는 모든 것을 말한다.

자원을 잘 활용하면 효과는 높이고 비용은 줄일 수 있어서 해결안의 이상성

5　특허청 · 한국발명진흥회, 위의 책, p.360
　박영택, 창의 발상론, 한국표준협회미디어, p.58

을 높일 수 있다.

아래 그림 1-3-12는 자원을 효과적으로 탐색하는 방법을 나타낸 것이다.

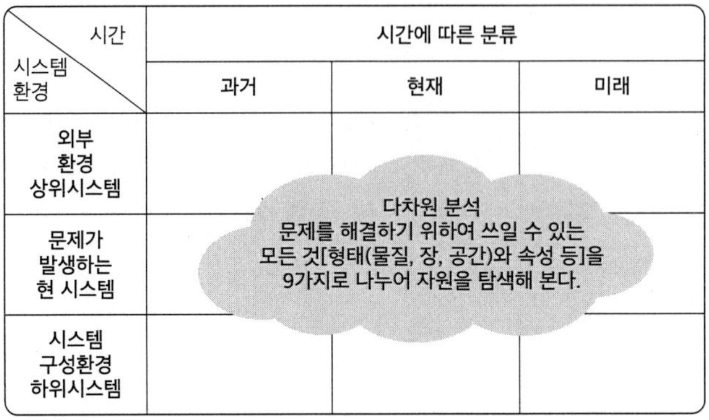

시간 / 시스템 환경	시간에 따른 분류		
	과거	현재	미래
외부 환경 상위시스템			
문제가 발생하는 현 시스템			
시스템 구성환경 하위시스템			

다차원 분석
문제를 해결하기 위하여 쓰일 수 있는
모든 것[형태(물질, 장, 공간)와 속성 등]을
9가지로 나누어 자원을 탐색해 본다.

그림 1-3-12 자원을 효과적으로 탐색하는 방법

문제를 해결할 자원은 문제 자체에 있기도 하다.

- 문제가 나타나면 해결책도 있다.

[안테나 설치 문제][6]

- 수신전용 안테나 납품 입찰 계약
- 안테나 설치 지역:

  기온 영하 20도 이하(춥고 바람이 강한 지역)
- 안테나 설치 환경:

  지면에서 약 10미터 높이로 설치 필요(강풍에 흔들리지 않을 만큼 견고

  해야 함)

  3인 1조의 팀이 안테나를 들고 도보로 이동하여 전략적 요충지에

  설치한 뒤 귀환하면 유지 관리를 위한 별도의 노력이 없어도 안테

  나가 지속적으로 작동해야 함
- 해결과제:

  높은 가격을 제시했음에도 불구하고 입찰 성공, 왜냐하면 안테나 지

  지대 무게가 다른 경쟁 업체들 제안보다 훨씬 더 가벼웠기 때문에…

  그러나 큰 문제 발견, 이 업체는 눈이 내리지 않는 따뜻한 지역에 위

  치한 업체로 안테나 수신부에 눈이 쌓여 얼면 무게 때문에 안테나가

  뒤틀리거나 부러지기 쉽다는 사실을 감안하지 못함.

→ 계약파기 불가한 난처한 상황

---

6 Drew Boyd and Jacob Goldenberg Inside the Box, 2013 (이경식 옮김, 틀안에서 생각하기), 책
   읽는 수요일, 2014, pp.356~367
   R. Horowitz(1999), 'Creative Problem Solving in Engineering Design' pp.49~51

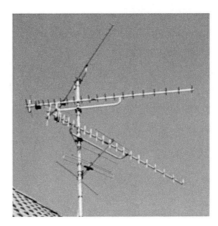

❖ 군사용 안테나 장치 제작-해결방안 1

① 눈이 쌓여서 얼기 전에 녹인다. 수신전용 안테나이기 때문에 눈을 녹일 수 있는 에너지원이 없다.

② 진동을 이용해 눈을 털어버린다. 진동을 발생시킬 에너지를 생산하지 않는 안테나이다. 별도의 진동발생 장치를 부가할 경우 안테나가 무거워져 도보로 운반하기 힘들다.

③ 안테나에 눈이 쌓이는 것을 방지한다. 매끈한 소재로 안테나 표면을 코팅해서 눈이 쌓이는 것을 방지할 수 있으나 대략 영하 25도 이상에서만 가능하고 이하에서는 이러한 기능을 갖는 소재가 없다.

또한 기름이나 그리스를 안테나 위에 바를 경우 영하 20도 이하에서는 그리스도 얼어붙어 오히려 결빙을 더 빠른 속도로 촉진한다.

④ 안테나 덮개를 덮는다. 덮개 지지대나 별도의 기둥이 필요하여 이 무게때문에 안테나가 무거워져 도보로 운반하기 힘들다.

⑤ 지지대를 포기한다. 헬륨풍선 등을 이용하여 안테나를 공중에 띄우면 지지대가 없어도 되나 안테나 무게 때문에 공중에 떠 있기가 어려울 뿐 아니라 강풍이 부는 곳에서 풍선장비를 원하는 높이에 안정적으로 고정시키기 힘들다.

❖ 문제해결이 어려운 이유 - 모순

도보로 이동하며 운반할 수 있을 만큼 **가벼워야** 한다.

부러지지 않을 정도로 **튼튼해야 한다.**

❖ 거짓 모순 탈출

거짓 모순(잘못된 가정/암묵적인 가정)에서 **약한 고리 연결자**를 찾아서 **모순 탈출**

- 안테나 지지대가 **가벼우면서도 동시에 튼튼해야** 한다고 가정
- 안테나 장치를 조립시점-운반시점-설치시점에서 **항상 지지대의 무게와 강도는 일정하다고 가정**

❖ 군사용 안테나 장치 제작 - 해결방안 2

- 안테나 지지대가 항상(조립시점-운반시점-설치시점) **튼튼해야 할 필요는 없다.**

안테나 위에 눈과 얼음이 쌓여 결빙이 될 경우에만 이를 지탱할 수 있으면 된다. 나머지 시간대에는 오히려 가벼워야 설치 장소로 쉽게 운반할 수 있다. 이렇게 되면 더 이상 모순은 사라지고 안테나를 설치 후 지지대를 강화하는 문제로 바뀌게 된다.

- 안테나 지지대의 표면을 오히려 거칠게 만들어 눈이 내리면 안테나 상부뿐만 아니라 **지지대 기둥에도 쉽게 눈이 달라붙도록** 하였다.
- → 그러면 지지대 기둥에 붙은 눈도 얼음으로 코팅된 기둥이 되어 지지대를 보강하는 역할을 한다.

문제가 생기면 해결책도 나타난다.
(문제의 원천: 얼음 → 해결책)

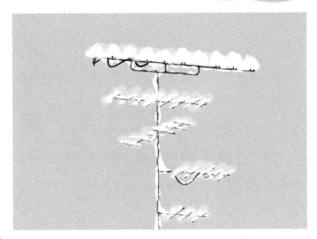

그림 1-3-14   눈에 덮인 안테나

SIT(Systematic Inventive Thinking)

1. SIT 개요

가. TRIZ로부터 기원한 SIT

SIT(Systematic Inventive Thinking) 방법(Horowitz, 2001; Stern et al., 2006; Turner 2009; Boyd and Goldenberg, 2013; Heo et al., 2016)은 알트슐러(Altshuller, 1988)가 개발한 TRIZ(발명적 문제 해결론)로부터 발전된 사고도구이다.

호로위츠는 1988년 한 기술 잡지에서 '40시간의 발명적 사고 과정'이라는 광고를 보고, 흥미를 느껴 한순간의 망설임도 없이 그 교육과정에 등록하여 TRIZ와 인연을 맺게 되었다. TRIZ의 창시자인 알트슐러와 함께 연구한 지나디 필코프스키(Ginadi Filkovsky)로부터 강의를 들었다. 그는 TRIZ를 배우는 동안 실제로 적용도 해보고 독학하면서 일찍이 TRIZ가 유용한 효과도 있지만 몇 가지 보완해야 할 결점도 있다는 것을 깨달았다.

이에 따라 호로위츠(Horowitz)는 TRIZ로부터 다음과 같은 4단계의 과정을 통하여 SIT를 개발하였다(Horowitz, 2001).[7]

---

7 R. Horowitz (2001), From TRIZ to ASIT (How Rony Horowitz invented ASIT from TRIZ), triz40.com

① '이상적 해결책(Ideal Final Result)'에서 '닫힌 세계(Closed World)'의 조건으로

　호로위츠(Horowitz)는 자신의 발명적 해결론(Inventive Solutions)의 많은 사안을 검토하면서 거의 모든 해결책에서 공통적으로 갖고 있는 점은 문제 속에서 새로운 유형의 구성 요소를 추가하는 해결책은 단 하나도 없었다는 것에 주목하였다.

　호로위츠(Horowitz)는 조사를 계속했지만 이 규칙의 예외를 발견하지 못했다. 이 원리는 TRIZ(발명적 문제 해결론)의 방법론에 추가되어 '닫힌 세계'의 조건으로 알려지게 되었다.

　TRIZ(발명적 문제 해결론)도 또한 문제 해결을 위해 기존 자원을 활용하는 것을 선호하지만 SIT와 달리 이상적 해결책(Ideal Final Result)과 40가지 발명원리 중 일부(예: 원칙 25 - 셀프 서비스에서는 기존 개체를 사용하여 작업해야 함)에서만 기존 자원을 활용하여 해결책을 찾는 것을 볼 수 있다.

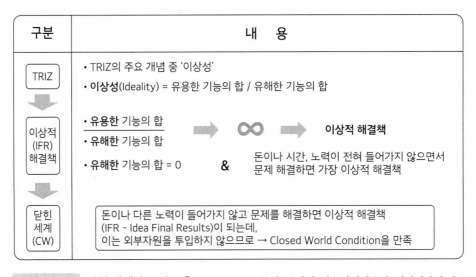

그림 1-3-15　닫힌 세계의 조건 도출　　　출처: 특허청·한국발명진흥회, 지식재산권 입문
박영택, 창의 발상론, 한국표준협회미디어 자료 재구성[8]

8　특허청·한국발명진흥회, 앞의 책, p.360
　박영택, 앞의 책, p.58

이런 점에서 볼 때 TRIZ와 SIT의 차이점은 SIT에서는 닫힌 세계의 조건이 가장 중요한 원칙이라는 것이다. 실제로 SIT를 사용하는 첫 번째 단계는 문제를 잘 정의하는 것이다. 왜냐하면 SIT에서는 문제를 잘 정의하고 나면 문제 해결을 위한 모든 구성 요소가 바로 그 문제 안에 있으므로 문제 해결을 위해서는 단순히 기존 객체를 재구성하면 되기 때문이다.

② '모순 해결'에서 '질적 변화 달성'으로

닫힌 세계의 조건에서는 외부 자원을 투입하지 않으므로 문제와 해결책 사이의 유사성을 다루는 것으로 볼 수 있다. 따라서 이제는 우리에게 문제와 해결책 사이의 차이는 어떤 것인지를 확립할 또 다른 원칙이 필요하다.

TRIZ가 모순을 정의하는 방식에서 무엇이 모순인지를 확인하고 식별하는 것은 쉽지만, '모순 해결'이 무엇을 의미하는지는 명확하지 않다.

호로위츠(Horowitz)는 모순이 매우 잘 정의된 TRIZ 사례를 많이 보았지만 해결책이 실제로 문제를 해결하여 극복한 것 같지는 않았다고 생각했다.

모순을 해결한다는 것이 무엇을 의미하는지에 대한 명확한 표시가 무엇보다 중요하다. 이를 SIT에서는 문제의 주요인과 유해한 효과에 대하여 다음과 같이 명확히 하였다.

- 중요 요소의 문제가 완전히 제거되거나 또는 유해한 효과가 역전되기조차 하는 해결책이 나타날 수 있도록 하는 것

예를 들어 앞에서 소개한 옥수수 알갱이를 공기압에 의하여 이송하는 곡선 파이프 문제를 보자. 해결책으로 제시한 곡선 부분의 파이프 변형은 파이프 내벽의 마모가 공기의 유속과 전혀 관련되지 않았다.

이것을 SIT에서는 '질적 변화'로 정의하고 일반화하여 특정한 해결책이 기준을 만족시키는지 아닌지를 검증하기가 쉽도록 하였다.

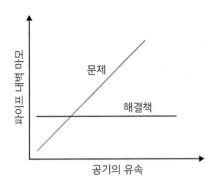

그림 1-3-16 질적 변화

③ '40가지 발명원리'에서 '5가지 사고도구'로

'닫힌 세계'와 '질적 변화'의 조건은 진부한 아이디어들을 걸러내는 데에는 효과적이다. 그러나 우리는 이와 함께 새로운 아이디어를 창출하기 위한 방법도 있어야 한다. 즉 '닫힌 세계' 안에서 창의성으로 나가는 방법이 필요하다. TRIZ에서는 이를 위해 40가지 발명원리의 도구를 제공하지만 이 도구는 몇 가지 명백한 결점들을 갖고 있다.

ⓐ 발명원리들이 일정한 추상적 수준에서 적용되지 않는다.

발명원리 17(Dimension Change 차원변화)은 매우 일반적으로 사용되고, 발명원리 18(Vibration 진동)이나 발명원리 29(Pneumatics and Hydraulics 공기나 유압 사용)는 특정 문제에만 사용된다.

ⓑ 발명원리들의 사용빈도가 동일하지 않다.

어떤 원리(발명원리 17- Dimension Change 차원변화)들은 매우 자주 사용되고 또 어떤 원리(발명원리 7- Nesting 포개기)들은 거의 사용되지 않는다.

ⓒ 발명원리의 수가 너무 많다.

- 40가지의 발명원리들을 적용하기 위해 모순행렬의 표준특성변수를 정의해야 하는데 해결책이 나오는 적절한 특성변수를 찾는 것도 많은 시간을 소모해야 한다.
- 또한 40가지의 발명원리에는 보편적 문제 해결에도 적용할 만한 강력한 것들이 존재하는데 표준특성변수가 공학적 특성과 많이 결부되어 있다.

- 40가지의 발명원리들을 제대로 적용하기 위해서는 역량 확보를 위한 많은 훈련이 필요한데 현실적으로 힘들다.

이러한 문제들을 보완하기 위하여 특화된 문제에만 사용되거나 자주 사용되지 않는 원리들을 제거하고 유사한 원리들은 함께 묶어서 5가지 사고도구들로 간소화하였다.

④ 다른 TRIZ요소 제거하기

TRIZ에서 이상적 해결책과 모순행렬은 SIT의 2가지 원리(닫힌 세계, 질적 변화)로, 그리고 TRIZ의 40가지 발명원리는 SIT의 5가지 사고도구로 발전되었다.

그러나 이외에도 TRIZ에는 많은 요소들이 있는데 특화된 사고를 배제하기 위하여 표준적 해결책과 물리적 효과와 같은 요소들은 제거하고, 시스템의 진화, SLP(Smart Little People) 등과 같은 요소들을 모두 배제하여 SIT라는 발전된 사고도구를 만들었다.

나. SIT 사고도구 5가지

TRIZ로부터 간소화된 SIT의 5가지 사고도구는 다음과 같다.

5가지 사고도구	설명
제거 (Subtraction)	• 시스템의 구성요소 일부를 제거한다. • 반드시 있어야 하지만 가장 필요한 것은 아닌 요소를 제거한 후 편익을 고려하라. • 예: 다리 없는 좌식 의자, 난타공연
분할 (Division)	• 시스템의 구성요소들을 기능적, 물리적으로 혹은 재조합을 위하여 분할한다. • 예: 리모컨, 커터나이프
복제 (Multiplication)	• 약간 변형된 복제품을 현재의 시스템에 추가한다. • 예: 십자 드라이버, 다중 면도날

과제통합 (Task Unification)	• 시스템에서 내부 요소 중 하나가 추가적인 과제(새로운 기능)를 수행하게 한다. • 시스템에서 이미 수행하고 있는 과제를 외부 요소가 수행하도록 한다. • 예: 컵라면의 컵(포장지 + 그릇), 아웃소싱
속성의존 (Atrribute Dependency)	• 외부 환경, 조건에 따라 내부속성이 변하도록 관계를 맺어준다. • 예: 스마트폰 화면 자동회전, 카멜레온

표 1-3-8 5가지 사고도구

위의 5가지 사고도구가 40가지의 발명원리로부터 어떻게 형성되었는지를 몇 가지의 사례를 통하여 설명하면 다음과 같다.

• 발명원리 3(국소적 성질), 4(비대칭), 17(차원바꾸기)는 모두 합쳐서 속성의존으로 통합하였다.
• 발명원리 15(역동성)는 분할과 속성의존을 통하여 수행, 달성한다.
• 발명원리 6(범용성)은 제거와 과제통합을 통하여 수행, 달성한다.
• 발명원리 7(포개기)과 8(평형추), 14(구형화)는 너무 특수하기 때문에 제외하였다.

다. 기능적 고착과 구조적 고착

SIT 사고도구는 인지심리학에서 이야기하는 고착(Fixedness)을 극복하는데도 위대한 사고도구 방법 중의 하나이다. 5가지 사고도구 중에서 제거는 가능하면 핵심적인 요소를 제거하라고 요구한다. 그런데 이때 다른 것도 아니고 핵심적인 요소를 제거하려면 상당히 심리적인 저항이 따르기 마련이다. 예를 들면 갓이 없는 우산이나 줄 없는 줄넘기, 날개 없는 선풍기의 제품을 개발한다고 상상해 보라. 굉장히 심리적으로 저항이 거세게 일어나는 것을 느끼게 된다. 고착은 사물들을 오로지 기존의 방식대로 생각하거나 혹은 기존의 방식대로 사용하려는 심리적 편향을 말한다. 이러한 심리적 편향에는 기능적 고착과 구조적 고착의 유형이 있다.

기능적 고착(Functional Fixedness)에는 1935년 칼 둔커(Karl Duncker)가 창안한 심리학 실험인 '촛불 문제'가 있는데, 인지 편향의 영향을 측정하는 인지 성능 테스트이다. 이는 형태(Gestalt) 심리학자 칼 둔커(Karl Duncker)가 논문의 일부로 클라크 대학교(Clark University)에서 발표한 후 1945년 사후에 널리 알려지게 되었다.

이 실험은 책상 위에 양초와 압정이 들어있는 상자, 그리고 성냥을 주고 이것들을 사용하여 '불이 켜진 양초를 벽에 붙여서 촛농이 책상 위에 떨어지지 않도록 하라.'는 문제였다.

어떤 사람들은 촛불을 벽에 압정으로 고정하려고 시도하였지만 소용이 없었다. 어떤 사람들은 성냥을 켜고 양초의 측면을 녹인 다음 벽에 붙이려고 시도하였지만 소용이 없었다.

소수의 사람만 압정상자를 압정으로 벽에 고정시킨 후 그 상자를 촛불 받침으로 사용하여 해결책을 찾았다.

이 실험에서 둔커는 많은 사람들이 압정상자를 보면 그저 압정을 담는 용기로만 인식하고 압정상자에 다른 용도의 양초를 담는 기능이 있음을 전혀 생각하지 못했던 것을 발견한 것이다.

문제를 좀 더 창의적으로 생각해 본다면 압정으로 가득 찬 상자를 비울 수 있고 선반처럼 벽에 고정하여 불이 붙은 양초를 담을 수 있다는 것을 알게 된다.

둔커가 원래 이 실험에서 대상자들에게 문제를 제기했을 때 문제를 해결한 사람은 거의 소수이었다. 그렇지만 나중에 실험을 조금 변경하여 상자를 재배치하였다. 즉 압정을 상자 바깥쪽에 쌓아 놓았는데, 당연히 사람들은 상자를 문제를 해결하는데 사용할 수 있는 도구로 즉시 인식했기 때문에 해결책에 훨씬 더 빨리 도달했으며 정답을 맞힌 사람 수도 처음 실험의 두 배나 되었다고 한다. 여기서 나타난 이러한 현상을 기능적 고착이라고 부른다.

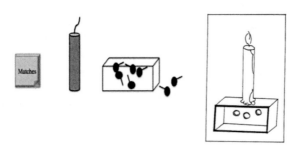

그림 1-3-17 촛불 문제

구조적 고착(Structural Fixedness)은 어떤 물건을 그 자체로 하나의 완전한 전체라고 바라보는 경향을 말한다.

애플의 iPod이 보편화되기 아주 오래전에는 소니의 Walkman이 있었다. 워크맨은 소니가 1979년 카세트 녹음기에서 녹음기능을 제거하여 어마어마한 대박을 터트리며 대중화 시킨 제품이다.

1986년에는 "Walkman"이라는 단어가 옥스퍼드 영어 사전에 등재되었다. Walkman의 출시는 에어로빅 열풍의 탄생과 동시에 이루어졌으며 수백만 명이 Walkman을 사용하여 운동을 더욱 즐겁게 하도록 만들었다. 워크맨의 인기가 최고조에 달했던 1987년부터 1997년 사이에 운동을 위해 걷는다고 답한 사람들의 수가 30% 증가했을 정도이다.

세상 사람들이 녹음 기능을 갖춘 카세트 녹음기에서 음악을 듣다가 녹음 기능을 뺀 워크맨으로 음악을 듣게 하였다.[9] 그 당시만 해도 고정관념에 묶인 경영진의 사고에서 본다면 녹음기에서 핵심기능인 녹음 기능을 제거한다는 것은 어리석은 짓으로 상상할 수도 없는 일이었을 것이다.

대학 중퇴자인 유진 폴리(Eugene Polley)는 제니스(Zenith)전자에 근무하면서

---

9   By Meaghan Haire, 'A Brief History of The Walkman', Time Magazine, 2009. 7. 1.
    (https://content.time.com/time/nation/article/0,8599,1907884,00.html)
    Drew Boyd and Jacob Goldenberg Inside the Box, 2013 (이경식 옮김), 앞의 책, p.101

18개의 특허를 발명한 혁신가이다. 그중에서도 1955년에 발명한 TV 리모콘은 우리의 삶을 한층 더 풍요롭고 편안하게 변화시켰다. 그 당시만 해도 그의 TV 리모콘 발명은 소파를 떠나지 않고 손가락 하나만으로 TV를 작동시킨다는 점에서 획기적이고 놀라운 발명이었다. 세계에서 가장 흔하고 편한 기기 중 하나가 되어버린 최초의 텔레비전 리모컨을 발명한 그의 덕분에 당시 유일하게 알려진 원격 제어 TV 기술인 8세 어린이들을 해방 시켰으며, 지금은 매일 수십억 명의 사람들이 여유로움을 맛보며 TV를 시청하고 있다.

그의 가장 중요한 혁신 발명인 최초의 무선 TV 리모컨은 Flash-Matic이라고 불렸다. 이전의 몇 가지 제어 장치는 텔레비전에 유선으로 연결되어 있었지만 그의 리모콘은 공상과학 소설에서 나오는 광선총처럼 보였고 그것에서 나오는 광선으로 TV 본체의 튜브를 작동시켰다.

2차 세계대전 이후 미국 소비자 문화는 폭발적으로 성장했고 Zenith는 빠르게 성장하는 TV 시장의 선두를 차지할 수 있었다.

제니스전자의 엔지니어 유진 폴리(Eugene Polley)와 로버트 애들러(Robert Adler)는 1997년 "소비자 텔레비전을 위한 무선 원격 제어의 선구적인 개발"로 에미상을 공유했다.[10]

이와 같이 앞의 두 사례에서처럼 이전까지 TV 수상기와 조정버튼 전체를 하나로 묶어서 당연히 몸체에 붙어 있어야 하는 것으로 생각했던 것과 녹음기에서 핵심기능인 녹음기능을 제거하기가 어려운 사고를 구조적 고착이라 한다.

2. SIT 사고도구

SIT 사고도구 5가지 각각에 대하여 실제로 현장에서 적용된 풍부한 사례 (Drew Boyd and Jacob Goldenberg, 2013)와 함께 설명하여 우리가 창의적 사고 발

---

10 Kerry J. Byrne of Foxnews, 'Meet the American who invented the TV remote control: self-taught Chicago engineer Eugene Polley, Published January 6, 2023 (https://www.foxnews.com/lifestyle/meet-american-invented-tv-remote-control-chicago-engineer-polley)

상을 위하여 어떻게 사용하면 되는지 소개하고자 한다.

가. 제거(Subtraction)

SIT 사고도구 제거 기법을 통해 나온 결과물을 이미 우리는 삶의 주변에서 많이 활용하며 살고 있다. 이 기법을 통해 나온 제품이나 서비스가 새로운 편익을 제공하고 있기 때문이다. 제거 기법은 더 좋은 것을 추가하려 하지 말고 '닫힌 세계'의 조건을 강력하게 적용하여 구성 요소 중 하나를 제거하는 것이다. 아인슈타인(Albert Einstein)은 말하기를 "어떤 똑똑하고 지적인 바보도 일을 더 크고 복잡하게 만들 수는 있다. 그러나 그 반대로 나아가기 위해서는 천재의 손길과 많은 용기가 필요하다."라고 말하였다. 즉 더하기는 누구나 하는 하책의 방법이며, 빼기로 해결할 수 있으면 진정한 상책이라는 것이다.

그렇다면 SIT 사고도구 제거에서 구성 요소의 어떤 것을 제거해야 하냐는 것이다. 제거 기법의 핵심은 '**마땅히 있어야 하지만 가장 필요한 것은 아닌 요소**'를 제거해야 한다. 그러므로 우선 무엇이 '**가장 필요한 것**'인지의 여부를 판단하는 것이 매우 중요하다. 만일 **가장 필요한 요소** 자체를 제거한다면 그것은 방향이 잘못될 확률이 크기 때문이다.

그다음에 '**가장 필요한 것**은 아닌 요소'라고 해서 그렇다고 없어도 되는 것은 아니기 때문에 너무 단순하게 간단히 한 구성요소를 선택하여 제거한다면 기존의 고착을 깨는 데까지 이르지는 못할 것이다.

우리가 건강을 위하여 실내에서 사용하고 있는 헬스자전거는 전통적인 자전거에서 반드시 있어야 하는 요소인 바퀴를 제거한 것이다. 알코올이 없는 이른바 무알코올(Alcohol Free) 술과 가격 경쟁력을 갖춘 셀프 서비스도 마찬가지이다. 이외에도 유명한 가구업체 이케아가 가구 생산의 조립공정을 제거하고 고객이 직접 조립하도록 만든 것과 ATM기계, 온라인 업체 등도 SIT 사고도구 제거 기법을 활용한 사례가 될 수 있다.

그림 1-3-18 SIT 사고도구 제거 기법을 활용한 사례 출처: https://commons.wikimedia.org/
by Northampton Libraries Taskforce (CC BY)

단계	활용법	체크사항
1단계	• 제품(서비스)의 구성 요소 작성	
2단계	• 제거할 어떤 한 요소를 완전제거 혹은 부분제거	• 마땅히 있어야만 하는 요소를 제거하려고 노력하라.
3단계	• 제거의 결과 컨셉을 가상제품으로 개발	
4단계	• 검토결과물 제품에 대한 경제성 검토 - 잠재적인 편익이나 시장 가치 - 고객 정의: 누가 원할까? - 고객에 대한 가치 창조를 어떻게?	• 구성 요소를 제거함으로써 새로운 편익을 얻을 수 있어야 한다.
5단계	• 제품의 실현 가능성 판단 • 실용적 측면의 아이디어 개선은?	

표 1-3-9 핵심 제거 기법의 단계별 활용법과 체크사항[11]

---

11 https://www.sitsite.com/method/existing-situation/
    https://www.sitsite.com/method/virtual-product/
    Drew Boyd and Jacob Goldenberg Inside the Box, 2013 (이경식 옮김) 앞의 책, pp.132~136

세제가 포함되지 않은 액체 세탁세제와 무세제 세탁기 개발

빗코(Vitco Detergents)라는 회사는 제거 기법 전략을 사용하여 획기적인 제품을 만들었다.

제품을 구성하는 핵심 요소를 제거하여 상품개발에 성공한 사례이다.

보통 세제는 기본이 되는 **세정제**와 향기를 내는 **방향제** 그리고 **점착제**로 구성되는데 액체 세탁세제의 경우에 세제가 가장 기본이 된다. 그럼에도 불구하고 세탁용 세제를 개발하는 빗코(Vitco Detergents)는 1996년 세제에서 제일 핵심적인 요소인 활성세제를 제거하였다. 이렇게 되면 결과적으로는 이 액체세제로는 옷을 깨끗하게 세탁하는 목적을 이루지 못하게 된다.

과연 누가 이러한 세제를 필요로 하는 고객이 있을까?

그러나 프록터앤드갬블(Procter&Gamble)이라는 회사가 이러한 컨셉을 바탕으로 그저 옷을 한번만 살짝 빨고 싶은 고객을 대상으로 소량의 세제만을 사용하여 의류청정제(Clothes Fresheners)라는 세제를 개발하여 상품화에 성공하였다. 시장에서 통할 수 있는 혁신 제품이 SIT의 제거 기법을 통하여 나올 수 있음이 입증된 셈이다.[12]

상품개발의 범주를 조금 더 넓혀서 제거 기법 아이디어가 적용된 제품개발 사례를 살펴보자.

세탁기는 일반적으로 세제를 넣어서 세탁물을 빨게 된다. 그런데 세탁기에 세제 자체를 넣지 않고 물로만 세탁한다면 어떻게 될까?

국내의 대우전자에서 실제로 세제 없이 물로만 빨래하는 무세제 세탁기를 세계 최초로 개발하여 2001년 10월 9일 서울 힐튼호텔에서 제품발표회를 갖고 5년간 200억원의 연구개발비를 투입해 상품화한 무세제 세

---

12 William Xu, '5 KEY STRATEGIES FOR DRIVING INNOVATION', GloCoach, Dec 2020
Drew Boyd and Jacob Goldenberg Inside the Box, 2013 (이경식 옮김), 위의 책, pp.119~122

탁기 '마이더스'를 세계 최초로 출시했었다.

무세제 세탁기의 작동 원리는 수돗물이 무세제 세탁시스템의 특수전기분해장치(마이더스키트)를 통과하면서 계면활성력 · 세정력 · 살균력을 지닌 세탁이온수로 변환돼 세탁물의 유기오염물과 세균을 없애는 것으로 세탁기와 세제가 결합된 세탁시스템에서 본다면 세제를 제거한 것이다.

이 기술은 지난 1998년 미국에서 특허를 획득했고 이후 세계 60여 개국에 특허를 출원하였으며 2001년 산업자원부의 신기술(NT) 인증도 획득했다.

마이더스는 세제 없이 물로만 세탁하면서도 단백질이나 식물성 오염물질이 묻어있는 세탁물의 경우 세제를 사용하는 일반 세탁기보다 세탁력이 15~20% 정도 우수하며 기타 오염물세탁기 내부에 숨어있는 세균 · 박테리아도 99.9%까지 제거할 수 있다고 발표하였다.

또한 세제를 사용하지 않기 때문에 헹굼 횟수가 줄어 물 사용량을 기존 제품보다 50% 정도 절약할 뿐 아니라 세제 사용에 따른 환경오염과 피부질환의 문제를 해결하고 옷감 손상과 옷감 수축을 줄이는 등 여러 가지 긍정적인 효과를 나타낸다고 설명하였다.

이 기술은 후에 "아시아국가에서는 최초로 가정용 전기기기분야에서 제안된 기술이 IEC 국제표준규격으로 채택됐다"며 2008년 6월 지식경제부 기술표준원이 발표하였다.[13]

지금 생각해 보면 조금 더 철저한 고객 분석을 통하여 그 당시 이슈가 되었던 고객의 세탁 성능보다는, 즉 타깃 고객을 세탁물을 '세탁'하려는 고객이 아니라, 오히려 옷이 더러워서 세탁하기보다는 그냥 기분 좋게 빨래를 하여 한 번만 입으려는 사람들을 대상으로 마케팅하였다면 시장이 형성될 수도 있었다는 생각이 든다.

비록 시장에서 경제성 측면 등 여러 가지 요인에 의하여 상품화에는

---

13 kbs 뉴스, 무세제 세탁기 논란, 2001. 10. 17
전자신문, 세제 필요없는 세탁기 등장, 2001. 10. 10
경북일보, 세제 없는 세탁기, "세계 표준됐다", 2008. 6. 11

성공하지 못했지만 이러한 혁신적인 발상도 SIT의 제거 기법을 통하여 나온 것이다.

위의 두 사례를 살펴보면 '누가 이 제품을 사용할 것인가? 고객을 잘 정의하는 것이 얼마나 중요한지를 설명하고 있다. 이것에 따라서 같은 제거 기법을 적용했지만 사업의 결과가 달라지기 때문이다.

진정한 고객 찾기(제3장 제6절)와 SIT 사고도구 프로세스의 적용 절차(제3장 제3절)에 관련해서는 뒤에서 별도로 설명할 예정이다.

그림 1-3-19 SIT 사고도구 제거 기법을 활용한 상품개발 사례

출처:https://commons. wikimedia.org/ by KRoock74 (CC BY-SA)

나. 분할 (Division)

SIT 사고도구 중에서 분할 기법은 구성 요소들을 분할하고 그 분할된 각 요소들을 특별한 방식으로 형태를 재배열하여 그것에서 새로운 유용성이나 편익이 있는지를 살펴 창의적인 해법을 찾는 것이다. 이러한 과정에서 분할 기법은 우리들의 구조적 고착을 깨는 데 도움을 줄 수 있다. 우리는 지금까지 존재했던 낯익은 형태에 익숙해져 있으며 그래서 누구나 전통적인 관점에서 사물을 판단하려는 심리적 편향을 갖고 있다. 그러나 분할 기법은 분할을 통하여 선택의 범위를 좁히거나 제한함으로서 오히려 사물의 자유도를 높이는 창의적인 사고도구 기법이다.

분할 기법은 다음과 같은 세 가지로 나눌 수 있다.

- **기능적 분할**: 어떤 제품의 특정한 기능을 분리하여 떼어내 시공간적으로 재배열한다.
- **물리적 분할**: 어떤 제품을 분할하여 2개 혹은 그 이상의 요소들로 분할하여 나누는 것이다. 분할된 요소들의 배열 순서는 무작위로 상관없다.
- **재조합 분할**: 어떤 제품을 크기는 작지만 기능은 동일한 것으로 나누는 것이다. 즉 분할 자체로 끝나는 것이 아니라 재조합을 위한 분할이다. 모듈 설계 같은 것이 여기에 해당된다.

① 기능적 분할

기능적 분할 기법은 사용자 친화적인 제품을 만들려고 할 때 유용하게 사용될 수 있다. 그러나 주의할 점이 있다. 어떤 제품의 특정한 기능을 떼어내 나누어 다른 곳에 위치시키지 않고 떼어내는 것으로 끝나버리면 사고도구 제거 기법을 사용하게 되는 것이다.

전자기기의 리모컨, 텔레비전의 리모컨에서 채널이나 음량 조절 버튼은 원래 텔레비전 본체에 붙어 있던 것들이었다. 그러나 기능적으로 분할되어 공간적으로 새롭게 만들어진 것이다.

항공사들이 이용자들의 체크인 절차를 편리하게 하기 위하여 체크인 프로세스 기능을 여러 개로 나누어 집에서도 개인이 탑승권을 프린트할 수 있게 만들었으며 또한 수하물도 공항이 아닌 다른 곳에서 검사받을 수 있게 하여 공간과 시간의 기능적 요소 분할을 적용하여 비용 절감도 실현하였다.

그림 1-3-20 TV와 각종 리모컨

출처: https://commons.wikimedia.org/
by LG전자 (CC BY), by Sidik iz
PTU(CC BY-SA)

② 물리적 분할

제품의 요소들을 물리적으로 분할할 때 분할된 요소들은 어떤 순서라도 상관
없이 무작위이다.

우리나라는 위험한 무보험차 운전과 자동차세와 과태료를 상습체납하거나
고액인 경우의 특정한 경우에 한하여 차량의 번호판을 떼어간다. 아마 과태료의
빠른 징수와 주차 위반을 줄이려는 잠재적인 편익을 고려한 방책이라고 생각된다.

한국야쿠르트에서 생산하는 '쿠퍼스'라는 제품은 뚜껑에 판을 만들어 정제
형으로 만들어진 알약 2정을 액상용 음료와 분리하여 넣을 수 있도록 하였다. 피
로회복제 액상을 마시기 위하여 뚜껑을 돌려 열면 알약이 보이는데 자연스럽게
액상을 마실 때 함께 복용할 수 있도록 만들었다.

비타민은 수용성 비타민과 지용성 비타민이 있는데 수용성 비타민은 물에 녹
은 후 시간이 지날수록 효용성이 없어진다고 한다. 그래서 제약회사에서 수용성
의 비타민을 뚜껑에 분리해서 보관한 후, 액상의 피로회복제를 마실 때 함께 복
용할 수 있도록 만든 제품도 출시하였다.

이것도 물리적 분할을 통하여 동일한 편익을 얻고자 함일 것이다.

그림 1-3-22 피로회복제 뚜껑의 물리적 분할 활용, 필자 촬영

③ 재조합 분할

제품을 단순히 여러 개의 작은 요소들로 분할하여 이전에 없던 편익을 누리는 기법이다. 분할한 후 새로이 재조합하여 탄생한 확장 제품에서 기존 제품의 기능은 그대로 유지하면서, 재조합하여 크기가 작아진 확장 제품에서 새로운 편익이 탄생하는 것이다.

우리가 일상의 생활 속에서 여러 개의 전기 플러그를 멀티탭에 꽂아 사용할 때 각각의 플러그 크기가 큰 경우에는 서로 접촉하여 부딪혀 사용하기가 불편하였다. 이를 해결하기 위하여 멀티탭의 방향을 레고 블록 조립하듯이 마음대로 회전 가능하게 함으로서 고객의 편의성을 높인 멀티탭(Rotating Extendable Power Strip)을 Red Dot Award 2014에서 디자이너 선 퓨장(Sun Fuzhuang)이 아이디어로 출품하였다.

그림 1-3-23 멀티 탭(Rotating Extendable Power Strip)

출처: CNN BUSINESS (Red Dot Design 2014) Rotating Extendable Power Strip)

요즈음은 일인 가족이 늘다 보니 이들을 대상으로 여러 식품업체에서도 앞다투어 일회용 용량의 제품을 따로 포장해서 판매하고 있다. 제약업체 등과 같은 특수 분야의 판매 단위도 낱개 소포장 단위로 바뀌고 있는 추세이다. 이것도 역시 편익을 위하여 재조합 분할을 이용한 기법의 사례이다.

우리가 지금 널리 사용하고 있는 스마트폰에서도 재조합 분할의 기법이 시도되었다. 우리는 지금까지 완성된 상태의 스마트폰을 구입하여 사용하였다. 그러나 스마트폰 사업을 접어서 더 이상 스마트폰을 생산하지는 않지만 몇 년 전 LG전자에서 출시된 G5라는 스마트폰이 있었다. 이 제품은 스마트폰을 몇 개의 모듈로 나누고 고객이 원하는 취향에 따라 각각의 모듈을 맞추어 끼워 사용할 수 있도록 6개의 슬롯으로 구성하였다. 즉 고객이 음향을 중요시 한다면 고성능 스피커를, 사진 촬영을 중요시 한다면 고성능 카메라 기능을 가진 모듈을, 사용 시간이 많은 고객은 배터리 용량이 큰 배터리를 각 사용 환경에 맞게 끼워 쓰면 되도록 개발하였다. 개인 맞춤형 조립식 스마트폰인 것이다. 이러한 모듈 방식의 조립형 스마트폰 개발은 구글에서도 아라(Ara)라는 프로젝트로 추진되었다. 고객의 선호뿐만 아니라 제품의 고장 시에도 해당 모듈만 구입해서 교체하면 된다.

모듈식 스마트폰은 여러 가지 기술적 난제가 있는 미래형 스마트폰이지만 사고는 재조합 분할(division)이라는 조립식 사고에 근거하였다.

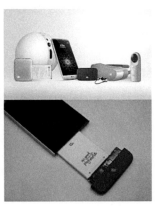

그림 1-3-24 LG G5 스마트폰

출처: https://commons.wikimedia.org, by LG전자(CC BY), by Maurizio Pesce from Milan, Italia (CC BY)

단계	활용법	체크사항
1단계	• 제품(서비스)의 구성 요소 작성	• 분할된 요소들을 공간을 달리하여 물리적으로 재배열하거나 혹은 시간 대별로 달리하여 재배열
2단계	• 제품(서비스)을 기능적 기준, 물리적 기준, 재조합 기준 중의 하나로 분할	
3단계	• 분할의 결과로 나타나는 제품(서비스)에 대한 가상제품 개발	• 분할된 요소만으로 철저하게 독립적으로 각각의 요소들의 수행을 바라보아 고착을 깨라.
4단계	• 검토결과물 제품에 대한 경제성 검토 - 잠재적인 편익이나 시장 가치 - 고객 정의: 누가 원할까? - 고객에 대한 가치 창조를 어떻게?	
5단계	• 제품의 실현 가능성 판단 • 실용적 측면의 아이디어 개선은?	

표 1-3-10　요소 분할 기법의 단계별 활용법과 체크사항[14]

다. 복제(Multiplication)

한국의 건축 시공 기술 수준은 국제적으로 인정받고 있다. 현재 세계에서 가장 높은 빌딩인 두바이의 부르즈할리파(Burj Khalifa) 빌딩은 지상 828m로 163층 초고층 빌딩이다. 삼성물산 건설부문에서 2010년 1월 완공하여 한국의 초고층 빌딩 건설 능력을 입증한 사례 중 하나가 되었다.

초고층 빌딩을 지을 때 가장 난제가 되는 부문은 건축물의 하중과 고층 건물이 측면에서 부딪히게 되는 바람을 이겨내야 하는 것이다. 건축 시공 기술의 발전에 따라 지금은 과거에 사용하던 벽돌 재료를 철골 구조물로 변경하여 건축물의 하중 문제를 어느 정도 해결하게 되었다. 그러나 지금도 가끔씩 건설사에서

14　https://www.sitsite.com/method/existing-situation/
　https://www.sitsite.com/method/virtual-product/
　Drew Boyd and Jacob Goldenberg Inside the Box, 2013 (이경식 옮김), 위의 책, pp.181~183

부당하게 이익을 극대화하기 위하여 부실시공으로 하중을 견디지 못하고 건축 중에 건물이 붕괴되는 안타까운 소식을 듣게 된다. 이러한 하중 문제와 함께 고층 건물의 난제로 또 하나 대두되는 것이 윈드시어(Wind Shear)문제이다. 실제로 우리나라에서도 부산의 해운대에서 강한 태풍이 불어올 때 고층 건물의 유리창이 깨지는 사례가 발생하기도 했다.

원인으로는 강한 바람이 고층빌딩에 부딪혀 지표면 방향으로 급강하한 뒤 소용돌이 치면서 위로 솟구치기도 하고, 빌딩과 빌딩 사이를 지나면서 '벤투리 효과'에 의해서 풍속이 몇 배나 빨라지는 빌딩풍의 영향 때문일 수 있다고 한다. 특히 높이 150m 이상(약 40층)의 고층 빌딩에서는 위에서 부는 바람이 빌딩에 부딪혀 급격히 아래로 내려온 뒤 아래서 부는 바람과 만나 소용돌이치는 식으로 요동을 치게 되어 건물과 건물 사이를 지나는 바람의 속도는 2배 이상 빨라지기도 한다고 한다.[15]

지금 세계에서 가장 높은 구조물은 부르즈할리파(Burj Khalifa) 빌딩이다.

아랍에미리트 두바이에 있으며 총 높이가 829.8m이고 지붕 높이(안테나 제외)가 828m인 마천루이다. 2009년 10월 1일에 완공되었으며, 2010년 1월 4일 개장하였다.

여기서도 가장 문제가 되는 것이 빌딩풍이다. 가장 높은 지점에서 타워는 보통 사람의 키와 같은 총 1.5m(4.9피트)만큼 흔들린다고 한다.

그림 1-3-25 두바이 부르즈할리파(Burj Khalifa)와 Willis Tower(formerly Sears Tower)

출처: (좌) by WildPixar from pixabay.com/. (우) https://commons.wikimedia.org/ Public Domain

---

15 https://newsteacher.chosun.com/site/data/html_dir/2020/10/06/2020100603325.html

그 높이에서 발생하는 강력한 바람을 어떻게 해결해야 하는지가 과제이다. 물론 기술적으로는 건물이 흔들리면 이를 감지해 동시에 내부 감쇠 장치가 작동하여 바람 에너지를 흡수하여 건물을 안정시킨다.[16] 그러나 이와 함께 건축디자인 설계 기법으로도 또 다른 효용성이 있는 해결책을 찾을 수 있다.

탁월한 설계 기법으로 인정받아 마천루 설계에 적용되고 있는 기법으로 파즐라 라만 칸(Fazlur Rahman Khan)이 발명하여 윌리스 타워(Willis Tower, 이전의 Sears Tower)에 적용한 번들 튜브(bundled tube) 디자인이다. 이러한 번들 튜브(bundled tube) 구조는 단일 구조 설계 기법이 적용된 건축물보다 훨씬 구조적으로 안전하고 윈드시어(Wind Shear) 바람의 영향에서도 벗어날 수 있어 부르즈할리파(Burj Khalifa) 빌딩 설계에 적용되었다.

미국에서도 보스턴에 있던 고층 빌딩인 John Hancock Tower가 바람으로 인해 유리창이 깨지는 피해가 발생한 적이 있었다.

그래서 미국에서 이미 50여 년 전부터 고층 건물에 대해 이러한 문제점을 인식하고 파즐라 라만 칸(Fazlur Rahman Khan)이 번들 튜브(bundled tube) 구조 해법을 찾아 윌리스 타워 건축 설계에 반영하였던 것이다.

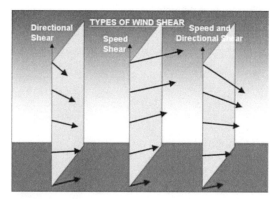

그림 1-3-26 바람으로 인해 피해를 입은 John Hancock 건물과 윈드시어(Wind Shear)의 종류

출처: (좌) https://commons.wikimedia.org/, by Ernst Halberstadt, Public Domain
(우) https://commons.wikimedia.org/, by 주크루프 델바자넷 (CC BY-SA)

16 http://gulfnews.com/news/gulf/uae/housing-property/burj-dubai-is-the-height-of-success-1.55605

번들 튜브(bundled tube) 구조의 설계 기법은 어떤 특정 요소(한 개의 튜브)를 선택한 다음에 이것을 여러 개로 복제하여 붙이는데(bundled tube: 묶음튜브) 각각의 요소를 조금씩 변형하여 붙이는 것이다. 복제 후 약간의 변형(건물의 높이나 기능에서)을 가하여 붙임으로서 분할 기법과는 차이를 보이고 있다.[17]

부르즈할리파(Burj Khalifa) 빌딩에서는 파즐라 라만 칸(Fazlur Rahman Khan)의 번들 튜브 디자인과 함께 현지문화에서 영감을 받아 이슬람 건축을 기반으로 하는 사막의 모스크도 모티브로 하여 디자인했다고 한다.

이라크 사마라에 위치한 사마라 대모스크(Great Mosque of Samarra)는 나선형 경사로 둘러싸인 52미터 높이의 뾰족탑 미나렛(minaret)으로 유명한데 부르즈할리파 빌딩도 이러한 모스크의 나선형 경사로를 모방하여 타워가 올라갈수록 단면적이 줄어드는 나선형 패턴의 27개 단벽(setback)을 형성하는 구조로 만들었다.

이러한 나선형 패턴 단벽의 정렬로 와류 및 소용돌이로 인한 진동 바람 하중을 최소화 할 수 있었다고 한다.[18]

여기서도 마찬가지로 SIT의 복제 기법이 사용되었다. 즉 나선형 패턴 단벽을 여러 개 복제하여 위로 올라갈수록 크기를 작게 복제하여 붙임으로서 마천루에서 발생하는 강력한 바람 문제를 해결한 것이다.

그림 1-3-27 Great Mosque of Samarra

---

17 Drew Boyd and Jacob Goldenberg Inside the Box, 2013 (이경식 옮김), 앞의 책, pp.187~196
18 https://en.wikipedia.org/wiki/Burj_Khalifa#cite_note-2

요즈음 기념식이나 각종 야외행사에서 선보이고 있는 드론의 군집비행도 복제기법을 활용한 것이다.

군집비행은 단일 드론의 기능을 여러 개 복제하여 드론이 군집을 이루어 목적된 비행을 하는 것이다. 단일 드론의 기능 복제 과정에서 본다면 **약간의 변형된 기능의 복제**를 통하여 목적된 전체의 복잡한 임무를 수행하는 것이다. 단순하고 동일한 복제로는 새로운 가치를 창출하는 목적된 작업을 수행할 수가 없다.

위의 두 가지 사례를 통하여 복제기법의 특징을 분할과 구분하여 차이점을 이해할 수 있을 것이다.

복제와 분할기법의 차이점은 복제는 복제하여 도출된 하나의 결과물이 새로운 가치를 창출하는 것이고, 분할은 분할된 각개의 요소들이 시공간적으로 재배열하면서 새로운 가치를 창출하는 것이다. 즉 가치 창출 측면에서의 차이점으로 구분할 수 있다.

단계	활용법	체크사항
1단계	• 제품(서비스)의 구성 요소 작성 • 어떤 구성 요소의 하나를 선택하여 임의의 수로 복제	
2단계	• 복제된 요소의 속성(특징)을 나열 • 나열된 속성의 하나를 형태강제연결법의 예와 같이 강제적으로 엉뚱하게 바꾸어 본다.	• 단순하게 더하는 복제 결과물은 새로운 가치를 창출하지 못한다.
3단계	• 복제의 결과로 나타나는 제품이나 서비스에 대한 가상제품 개발	• 복제에 있어서 요소와 속성을 구별하고 단순 속성보다는 요소를 변화시켜 가치를 창출하라. - 요소: 전체 구성의 한 부분(스마트폰의 벨 소리, 방향제의 냄새) - 속성: 구성 요소의 특징(소리의 크고 작은 레벨, 냄새의 강도)

4단계	• 검토결과물 제품에 대한 경제성 검토 - 잠재적인 편익이나 시장 가치 - 고객 정의: 누가 원할까? - 고객에 대한 가치 창조를 어떻게?
5단계	• 제품의 실현 가능성 판단 • 실용적 측면의 아이디어 개선은?

표 1-3-11 복제 다수화 기법의 단계별 활용법과 체크사항[19]

라. 과제 통합(Task Unification)

기존의 기능 혹은 요소에 어떤 과제를 추가로 부과함으로 새로운 편익을 창출하는 기법이다. 기존의 요소(혹은 자원)는 내·외부 어느 곳에 있을 수 있으며, 비록 외부에 있다 하더라도 상대적으로 좁은 영역인 '닫힌 세계'안에 있는 것이다. 추가로 부과하는 과제도 새로운 것일 수도 있고 이미 닫힌 세계 안에 존재하는 과제일 수도 있다.

최근에 반도체 산업의 전략적 중요성이 부각되면서 각국들이 반도체 산업의 경쟁력을 강화하기 위하여 국가적인 지원 역량을 집중하고 있다.

기업 간의 경쟁도 날로 심화되고 있다. 업계에서는 이번에 삼성전자가 반도체 공정에서 개발한 3나노 공정이 파운드리(Foundry) 시장 판도를 뒤집는 '게임 체인저'가 될 수 있다고 보고 있다. 게임 체인저란 어떤 일에서 결과나 흐름의 판도를 뒤바꿔 놓을 만한 중요한 역할을 한 인물이나 사건, 제품 등을 이르는 말로 경영적 측면에서는 기존 시장에 엄청난 변화를 야기한 혁신적 아이디어를 내놓은 애플의 창업자 스티브 잡스를 자주 언급한다.

---

19 https://www.sitsite.com/method/existing-situation/
  https://www.sitsite.com/method/virtual-product/
  Drew Boyd and Jacob Goldenberg Inside the Box, 2013 (이경식 옮김), 위의 책, pp.229~235

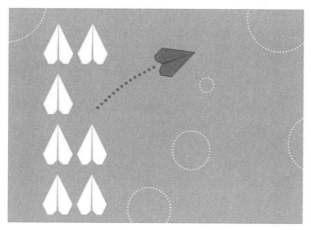

그림 1-3-28 창의적인 사고 - Game Changer   출처: by Mohamed_hassan of pixabay.com

① 아웃 소싱(outsourcing)

아웃소싱(outsourcing)을 국어사전에서는 '기업 업무의 일부 부문이나 과정을 경영 효과 및 효율의 극대화를 위한 방안으로 제삼자에게 위탁해 처리하는 것'이라고 풀이하고 있다. 생산적인 측면에서 본다면 상품의 부가가치를 높이기 위하여 기업 내부에서 생산하지 않고 외부에 위탁하는 방식이다. 이러한 위탁방식에는 대표적으로 OEM(Original Equipment Manufacturing, 주문자 상표 부착 생산) 방식과 ODM(Original Development Manufacturing, 제조자 개발 생산) 방식이 있다. OEM 방식은 제품의 설계와 개발은 주문자가 하고 생산만을 위탁하는 방식이다. ODM 방식은 제조자가 생산뿐만 아니라 설계와 개발에도 참여하는 방식으로 주문자는 브랜드력을 바탕으로 더욱 마케팅과 유통에 역량을 집중할 수 있는 장점이 있다. 그러나 두 가지 방식 모두 기업 내부에서 자체 생산하지 않고 주문자의 상표가 부착된다는 점이 공통점이다.

우리 기업들도 수출 초창기에는 해외기업으로 OEM 방식의 수출을 통하여 성장하였다. 그러나 일부 제품의 경우에는 생산비용이 증가하면서 역으로 외주에서 아웃소싱을 하여 생산해야 하는 경우가 발생하였다.

'어떻게 하면 기업의 경영 효율을 극대화 시킬 수 있을까'라는 관점에서 이른바 아웃소싱이 필요한 것이다.

세계의 대표적인 기업들에서 기존의 요소가 외부(그러나 닫힌 세계 안)에 있는 것에 과제를 부과하여 새로운 편익을 창출한 과제 통합 사고도구 사례를 살펴보자.

휴대폰이 기능형(Feature)폰에서 스마트폰으로 발전하면서 피쳐폰의 절대 강자이던 모토로라, 노키아와 같은 기업이 애플에 밀려 사라졌다. 절대로 시장에서 왕좌의 자리를 내놓지 않을 것 같던 기업이 맥없이 추락하게 된 것이다. 왜 이렇게 되었을까?

애플이 피쳐폰에서 스마트폰으로 넘어 오면서 게임 체인저가 될 수 있었던 것은 휴대폰에서 범용성의 중요성을 인식하고 서드파티(third party)가 응용 소프트웨어를 개발할 수 있도록 하였기 때문이다.

애플이 2008년 7월 10일 '앱 스토어(App Store)'를 출시하면서 아이폰(iPhone)을 폐쇄형 플랫폼에서 생성형 플랫폼으로 전환하는 데 두려움이 없었던 것은 아니다. 심지어 스티브 잡스도 처음에는 앱스토어를 원하지 않았다. 가장 큰 두려움은 아이폰에 타사 앱을 허용하면 애플의 통제 수준이 약화될 것이고, 타사 앱의 잠재적인 보안 위협 때문이었다.

그러나 처음 앱 스토어를 개설할 당시에 앱의 수가 500개 정도 밖에 되지 않아 미약하게 시작했던 앱 스토어가 지금은 엄청난 폭발적 성장을 이루었다.

애플이 '앱 스토어 서드파티 앱의 성장(The Success of Third-Party Apps on the App Store)' 보고서를 2022년 4월 발표했다. 보고서에 따르면 앱 스토어가 문을 열고 14년이 지난 후, 500개로 출발했던 앱이 180만 개로 증가하며 큰 폭으로 성장하였다. 180만 개의 앱 중에서 애플이 개발한 자사 앱(first-party apps)은 60개에 불과하였다.[20]

이렇게 성장할 수 있었던 비결은 바로 서드파티에 앱 스토어의 문을 활짝 개방한 신의 한 수 때문이었다.

이러한 방법은 애플이 예전에 내부적으로 수행하던 과제를 외부에 할당하여 수행하는 방식으로 과제통합 방법론의 하나인 아웃소싱이다.[21]

20 김달훈, '500여 앱으로 시작해 180만 개까지'… 애플, '서드파티 앱의 성장' 보고서 발표, https://www.ciokorea.com/t/34/모바일/231924, 2022. 04. 11

21 Drew Boyd and Jacob Goldenberg Inside the Box, 2013 (이경식 옮김), 앞의 책, p.252

IT분야에서 소프트웨어의 아웃소싱은 자주 화두가 되는 이야기이다.

모바일 메신저 왓츠앱(WHATSAPP)은 구글 플레이와 앱스토어에서 가장 상위에 랭크되는 메신저 앱인데 초창기에 핵심 소프트웨어 개발(특히 iOS)시에 비용절감을 위하여 '이고 솔로메니코프(Igor Solomennikov)'라는 개발자를 아웃소싱하여 소프트웨어를 개발하였다.

그리고 슬랙(SLACK)은 현재 천만 사용자가 넘게 사용하는 협업 도구이지만, 창업자인 스튜어트 버터필트(Stewart Butterfield)가 창업 초기부터 앱과 웹사이트 디자인 개발 등에 더 나은 UX(User Experience) 제공을 위하여 내부 개발팀과 더불어 외부 아웃소싱 업체와 함께 작업을 한 것으로 유명하다.

최신 기술인 IT분야의 소프트웨어 아웃소싱도 내부적으로 수행하던 과제를 외부에 할당하여 수행하는 방식으로 과제통합 방법론의 하나인 것이다.

비즈니스에서 사업적으로 성공하기 위해서는 노키아와 애플의 사례에서 보듯이 시장에서 소비자의 요구에 얼마나 발 빠르게 대응하느냐 하는 것이 무엇보다 중요함을 보여준다. 하드웨어와 달리 특히 소프트웨어 분야에서는 과제통합의 아웃소싱 사고도구를 활용하면 빠르게 변화하는 이러한 시장의 요구에 잘 맞추어 대응할 수가 있다.

② 내부 자원 활용

과제 통합의 또 다른 방법론은 내부 자원을 최대한 활용하는 방법이다.

최근 몇 년간 우리나라에서도 창작 뮤지컬을 중심으로 '액터 뮤지션(Actor Musician)' 작품이 늘어나고 있다고 한다. 액터 뮤지션이란 배우(Actor)와 음악가(Musician)의 합성어로 연기는 물론 악기 연주까지 해내는 배우를 의미한다. 지금까지 보아온 뮤지컬에서도 배우가 노래와 춤, 연기까지 소화하는데 수많은 노력이 필요했을 것으로 생각되는데 여기에 악기까지도 연주해야 한다면 얼마나 피나는 노력이 뒤따라야 하겠는가? 그 뮤지컬의 완성도를 높이기 위하여 어렸을 적의 재능도 소환해 가며 피나는 노력을 했을 것으로 생각한다. 현실적으로 악기 연주와 연기를 동시에 소화할 수 있는 사람을 찾는 것은 매우 어려운 편이라고 한다.

우리나라에서는 2012년도에 최초로 배우가 직접 연주하고 노래하는 '액터-뮤지션' 뮤지컬 모비딕이 공연되었다.

그런데 세계 최초는 2004년에 존 도일(John Doyle)이 영국의 잉글랜드 뉴버리(Newbury)의 200석 규모의 워터밀 극장(Watermill Theatre)에서 '스위니 토드(Sweeney Todd)'라는 공연을 올린 것이 시작이었으며 그는 이러한 뮤지컬 공연 방식으로 모두가 탐내는 Tony상을 비롯한 최우수 감독상을 수상하는 등 여러 상을 수상하게 되었다.[22]

이러한 방법도 역시 과제 통합의 전형적인 사례이다. 닫힌 세계 안에 이미 존재하였던 배우들이라는 자원에 또 다른 내부 자원인 악기 연주자라는 자원을 활용하여 이들이 수행해 왔던 과제(악기연주)를 부여한 것이다.[23]

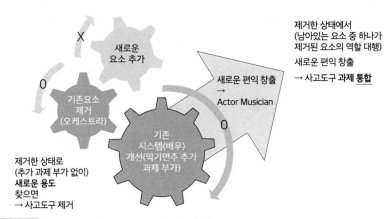

그림 1-3-29 사고도구 과제 통합과 제거의 차이

위의 사례에서 보듯이 과제통합의 내부자원 활용 사고도구는 기업에서 원가절감을 통하여 제품 경쟁력 강화를 위한 전략에 아주 잘 들어맞는 사고도구가 될 수 있다.

---

22 Lyn Gardner, 'The amazing Mr Musicals', Guardian, Thu 24 Jan 2008
    https://www.theguardian.com/stage/2008/jan/24/theatre.musicals

23 Drew Boyd and Jacob Goldenberg Inside the Box, 2013 (이경식 옮김), 앞의 책, p.257~258

단계	활용법	체크사항
1단계	• 제품(서비스)의 내부 및 외부 구성 요소 작성	• 닫힌 세계 안의 요소들로 고객의 가치를 창조하라.
2단계	• 외부적 수행을 내부 요소가 수행토록 함 　- 아웃소싱 • 내부 자원을 활용하여 추가 과제 수행	
3단계	• 과제 통합의 결과로 나타나는 제품이나 서비스에 대한 가상제품 개발	
4단계	• 검토결과물 제품에 대한 경제성 검토 　- 잠재적인 편익이나 시장 가치 　- 고객 정의: 누가 원할까? 　- 고객에 대한 가치 창조를 어떻게?	• 고객의 가치를 창조(추가 과제 수행)하지 못하면 과제 통합(unification)이 아닌 과제 집합(aggregation)이다.
5단계	• 제품의 실현 가능성 판단 • 실용적 측면의 아이디어 개선은?	

표 1-3-12　과제 통합 기법의 단계별 활용법과 체크사항[24]

마. 속성의존(Attribute Dependency)

　서로 독립적으로 존재하는 두 개의 속성을 서로 상관 있는 방식으로 의존시킴으로써 새로운 편익을 창출해내는 사고도구이다. 상관 있는 방식으로 의존시켜 준다는 것은 외부 환경의 조건이나 변화에 따라 내부 속성이 변화도록 관계를 맺어준다는 것이다.

24　https://www.sitsite.com/method/existing-situation/
　　https://www.sitsite.com/method/virtual-product/
　　Drew Boyd and Jacob Goldenberg Inside the Box, 2013 (이경식 옮김), 위의 책, pp.285~287

① 변수들의 상관성

지구상의 동물들은 지구 환경에 적응하고 살아남기 위하여 저마다 독특하게 발달된 신체 구조를 갖고 있다. 변신의 귀재로 우리에게 잘 알려진 카멜레온도 마찬가지이다. 카멜레온의 신체 구조는 나무 위를 이동 시에 유리하도록 발은 집게처럼 생겼으며 꼬리는 나무를 감아 균형을 잘 잡기 위해 길게 발달하였다. 그리고 목이 짧아 움직임에 한계를 극복하기 위하여 눈이 발달하였는데 카멜레온은 눈을 360도 회전할 수 있으며 이때 두 눈을 따로 움직여 서로 다른 물체를 볼 수 있다. 가장 특징적인 것은 화려한 피부이다. 피부는 주변 환경에 따라 색깔을 바꿀 수 있으며 감정 상태에 따라서도 바꿀 수 있다고 한다. 인간의 피부색 밝기는 멜라닌의 색소 수와 관계가 있다고 한다. 그러나 카멜레온은 색소의 수가 아니라 세포의 결정구조 변화에 의해 색이 바뀌는데, 즉 세포의 결정구조를 순간적으로 촘촘하게 하여 특정 파장의 빛만 선택적으로 반사하여 배경색과 자기 몸의 색을 맞춘다고 한다. 카멜레온은 SIT 사고도구 속성의 존을 설명하는 완벽한 동물이다.

그림 1-3-30 변신의 귀재 카멜레온 출처: commons.wikimedia.org by Charles J. Sharp (CC BY-SA)

우리 인간도 목에 2개의 통로를 갖고 있는데 하나는 공기가 지나가는 길인 기도와 다른 하나는 음식물이 지나가는 길인 식도가 있다. 그런데 공기와 음식물이 각각의 길을 갈 수 있도록 기도 입구에 후두개라는 덮개가 있어서 음식물이 들어오는 것을 주시하고 있다가 음식물이 들어오면 기도를 덮어 식도로 흘러들어가게 한다. 만약 후두덮개의 이러한 작용이 원활하지 못하여 음식물이 기도로 들어가게 되면 폐로 들어가 폐렴의 원인이 될 수 있다. 우리 몸은 이를 방지하기 위하여 반사작용으로 기침을 통하여 내뱉게 되는데 이것을 흔히 '사레가 들렸다'로 표현한다. 음식물이 기도로 흘러 들어가지 못하도록 하는 안전장치가 두 개가 있는데 주장치인 후두덮개와 보조장치 성격인 사레작용이 그것이다. 여기서 음식물의 유입 여부와 후두덮개의 작용이 상관 있는 의존관계에 있는 것이다.

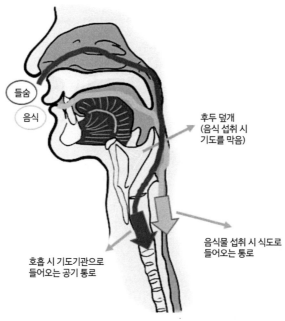

들숨

음식

후두 덮개
(음식 섭취 시
기도를 막음)

음식물 섭취 시 식도로
들어오는 통로

호흡 시 기도기관으로
들어오는 공기 통로

그림 1-3-31 후두덮개의 작용 　　　　 출처: by Ikkilacerda of pixabay, 필자 remix

② 속성의존의 종류

■ 시간의존형 속성 – 시간에 따른 상관관계
■ 조건의존형 속성 – 조건에 따른 상관관계
■ 공간의존형 속성 – 공간상에서 대칭을 파괴하는 비대칭 상관관계

속성의존은 서로 독립적으로 존재하는 두 개의 속성을 상관 있는 방식으로 의존시키는 명확한 함수관계의 상관성을 만들 수 있어야 한다.

상관성을 만드는 것에는 시간에 따라 상관관계를 만들 수도 있고, 어떤 일정 조건에 따라 상관관계를 만들 수도 있으며, 공간상에서 대칭을 파괴하는 비대칭으로 상관관계를 만들 수도 있다.

시간에 따라 상관관계를 만들어 준 대표적인 것이 영화관의 이른 아침에 조조할인이나 미장원의 오전 손님에게 가격을 할인해 주는 예이다.

이것을 시간 의존형 속성이라고 한다. 시간 의존형 속성에서는 시간 선택 가능성, 즉 시간을 내가 마음대로 선택하여 상관관계를 만들 수 있다.

물이 끓으면 소리 나는 주전자나 사람이 올라타면 움직이는 에스컬레이터와 같은 것은 일정 조건에 따라 상관관계를 만들어 준 것이다. 시스템의 운영에서 효율을 높이는데 매우 효과적으로 활용되고 있는데 이것을 조건 의존형 속성이라고 한다.

공간상에서 대칭을 파괴하는 비대칭 상관관계는 물병의 꼭지를 한쪽으로 치우치게 만들어 정수기 급수 시 사용자의 편리성을 증가시킨 것을 예로 들 수 있다.

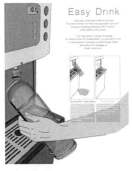

그림 1-3-32 Easy Drink - 비대칭

출처: https://dornob.com/easy-drink-45-degree-plastic-bottle-cranes-neck-for-refills/

그림 1-3-33 Hypervenom 축구화 - 비대칭

지금까지 살펴본 바와 같이 어떤 물건이나 프로세스의 속성이 다른 어떤 것에 의존하는 것을 속성의존이라고 부르는데 SIT 5가지 사고도구 중에서 창의적인 상품 기획을 위하여 가장 많이 사용되는 중요한 기법이다.

단계	활용법	체크사항
1단계	• 고객가치 창조를 위한 변수와 닫힌 세계 안의 변수 목록 작성	• 요소들이 아닌 변수들만의 목록을 작성
2단계	• 두 가지 변수의 매트릭스 도표를 작성	
3단계	• 시장에서 기존 제품이 존재하는지 체크 - 현실 속 존재 가능한 새로운 상관성 탐색 시도	

4단계	• 새로운 상관성의 결과로 나타나는 것에 대한 가상제품 개발 - 잠재적인 편익이나 시장 가치 - 고객 정의: 누가 원할까? - 고객에 대한 가치 창조를 어떻게?	• 통제할 수 있는 변수의 상관성만이 고객의 가치를 창조할 수 있다.
5단계	• 제품의 실현 가능성 판단 • 실용적 측면의 아이디어 개선은?	

표 1-3-13 속성의존 기법의 단계별 활용법과 체크사항[25]

3. SIT 사고도구와 제한의 틀

가. 제한의 틀 - 핀케(Finke, 1990)의 창의성 실험

미국 텍사스 주립대학교 인지 심리학자 로널드 핀케(Ronald Finke) 교수는 인간이 제약을 받을 때 창의적 발상에 미치는 영향을 알아보기 위하여 다음과 같은 실험(1990)을 진행하였다.[26]

 실험의 주제

실용성이 있는 제품을 만들기 위한 아이디어 발명 도출

25 https://www.sitsite.com/method/existing-situation/
    https://www.sitsite.com/method/virtual-product/
    Drew Boyd and Jacob Goldenberg Inside the Box, 2013 (이경식 옮김), 앞의 책, pp.322~332
26 Ronald A. Finke, Creative Imagery: Discoveries and inventions in Visualization, Chapter
    4 Creative Inventions in Imagery, Psychology Press, 2014. 2. 25., pp.39~45
    박영택, 창의발상론, 한국표준협회미디어, 2016, pp.158~167

심리학 입문을 수강하는 대학생 60명이 피실험자로 참가하여 세 종류의 실험을 실시하였다. 그런데 피실험자의 어느 누구도 실험과 관련된 방법에 대하여 사전에 어떤 훈련도 받지 않았으며, 또한 참여하지도 않았다.

피실험자들에게 각 종류의 실험을 시작 시에 2개의 용지를 나누어주고 시작하였다. 즉 하나는 실험결과물로 도출된 발명에 대하여 도면, 발명의 상세한 설명, 구성 요소를 기술하여 제출할 용지와 다른 하나는 연구조사에 사용될 15개의 부품이 그려진 용지가 주어졌다.

이 15개의 부품은 다음 그림에서 보여준 것처럼 단순한 3차원 형태의 정육면체, 반구, 원뿔 등과 여러 가지 특화된 와이어선, 브라켓, 핸들 등과 같은 부품들로 구성되어 있다.

실험자는 이들 각각의 부품에 대하여 정해진 이름을 붙여서 설명을 해 주었으며, 바퀴는 항상 한 쌍으로 사용됨을 설명하였다.

그림 1-3-34 Finke의 창의적 발명 실험에 사용된 15가지 부품

세 종류의 실험에서 각각의 종류별로 60명의 참가자가 6번 반복 시행하여 실시하였다.

대부분의 실험에서(세 종류의 실험 중에서 두 종류의 실험, 각 종류별로 6번의 반복 시행을 함으로 12번의 시행에서) 각 시행의 처음에 실험자는 3개의 부품을 지정하여 제시해 주는데 이 부품들은 컴퓨터에 의해 랜덤하게 무작위로 선정된 것이다.

위의 그림에 있는 15개의 부품 중에서 첫째 줄에 있는 부품은 기하학적으로 가장 단순한 형태의 부품들로 이것들은 컴퓨터에서 50%의 확률로 선택된다.

두 번째 줄에 있는 부품들은 중간 정도 전문화된 형태의 부품들로 선택될 확률은 33.3%이다.

세 번째 줄에 있는 부품들은 가장 전문화된 형태의 부품들로 선택될 확률은 16.7%이다.

이렇게 확률을 구분한 것은 3개의 부품이 모두 전문화된 부품으로만 구성되어 선택되는 것을 감소시키기 위한 것이다.

실험자가 3개의 부품을 선정한 후에 피실험자는 2분 동안 눈을 감고 그 부품들을 머릿속에서 조립하여 실용성이 강조되는 유용한 종류의 아이디어 발명(제품)을 만들어 본다. 피실험자들은 가상적 아이디어 발명(제품)을 조립할 때 지정된 3개의 부품을 모두 사용해야 한다. 만일 똑같은 부품이 2번, 3번 지정된다면, 지정된 똑같은 부품을 지정된 횟수만큼 사용해야 한다.

피실험자들은 부품의 크기, 위치, 방향 등은 마음대로 바꿀 수 있지만, 부품을 구부리거나 다른 방향으로 형상을 바꿀 수 없다. 단 구부릴 수 있도록 정의한 선과 튜브는 예외를 둔다.

용적이 있는 부품은 채울 수도 있고 비울 수도 있으며, 열거나 닫을 수도 있다.

부품은 어떤 식으로 결합해도 좋다. 하나의 부품을 다른 부품 안으로 넣어도 좋다.

그리고 부품의 재질은 나무, 금속, 고무, 유리뿐만 아니라 어떤 종류의 재질로도 사용 가능하다.

유일한 제한은 신제품 아이디어에 관한 발명이 다음 표에 나타난 일반적인 8가지 제품 범주 중 어느 하나 안에 속해야 한다는 것이다.

피실험자들에게 제품 범주 안에 속하는 예시 제품을 소개한 인쇄물을 나누어 주는데, 아이디어 발명을 가능한 폭넓은 범위에서 할 수 있도록 제품 범주를 상위개념으로 지정하였다.

제품범주	예
가구	의자, 테이블, 램프 등
개인용품	보석, 안경 등
운송기구	자동차, 보트 등
과학기구	측정장치 등
가전제품	세탁기, 토스터 등
공구 및 가정용 도구	스크루 드라이버, 수저 등
무기	총, 미사일 등
장난감 및 게임기구	야구배트, 인형 등

표 1-3-14　Finke의 창의적 발명 실험에 사용된 8가지 제품 범주

실험 방법은 먼저 2분 동안 눈을 감고 3개의 부품을 이용하여 실용적인 아이디어 발명을 도출하도록 한다. 2분이 지난 뒤에 눈을 뜨고 그 아이디어 발명에 대한 명칭을 쓰고, 도면을 그리고 마지막으로 그 발명의 기능과 구성품에 대한 상세한 설명을 한다. 이때 일단 도면을 그리고 난 후에는 발명의 명칭에 대해서 어떤 수정도 할 수 없다. 이와 같은 과정을 다음과 같이 세 종류의 실험에서 각 종류별로 60명의 참가자가 6번 반복 시행하였다.

실험
A

제품범주 선택 / 부품 무작위

실험
B

제품범주 무작위 / 부품 무작위

실험
C

제품범주 무작위 / 부품 선택

그림 1-3-35 Finke의 창의적 발명 실험 세 종류

첫 번째 실험(experiment) A에서는 제품범주 선택 / 부품 무작위 조건

참가자들은 제품의 범주(카테고리)를 그들이 원하는 어느 범주나 선택할 수 있지만 그러나 그들이 사용할 수 있는 부품은 컴퓨터에 의해 무작위로 선정되어 제한받는다.

두 번째 실험 B에서는 제품범주 무작위 / 부품 무작위 조건

제품범주는 각 시행의 시작 시에 부품과 함께 컴퓨터에 의해 무작위로 지정되었다. 즉, 제품범주와 부품이 함께 무작위로 선정되었고, 발명은 지정된 카테고리 범주 안에서 이루어져야 한다.

세 번째 실험 C에서는 제품범주 무작위 / 부품 선택 조건

제품범주는 각 시행의 처음에 컴퓨터에 의해서 무작위로 지정되었다. 그러나 참가들은 그들이 원하는 부품 3개를 선택하도록 허용 되었다.

위의 실험에 참가한 피실험자들은 발명을 도출하는 과정에서 발명의 창의성에 대하여 특별히 설명을 듣지 않았다.

다만 실험이 시작되기 전에 발명의 사례로서 단순한 4가지 사례를 소개 받았다. 즉 일반적으로 알려진 구성(종래)의 2가지 사례와 새로운 구성(신규성)으로 이루어진 2개의 사례를 소개받았다. (저자 설명: 발명이 특허로 등록되기 위해서는 등록요건을 만족해야 하는데 등록요건 중에는 신규성이라는 요건이 있다.)

그리고 피실험자들은 아이디어 발명이 실용적인 물건이나 장치이어야 한다는 것만 강조하여 설명받았다.

실험을 통하여 도출된 아이디어 발명은 다음의 표에서처럼 두 가지 관점을 갖고 5점 평가척도를 사용하여 평가하였다.

　　실용성: 발명이 얼마나 실용적인가?
　　독창성: 발명이 얼마나 독창적인가?

실용성	독창성
5　매우 실용적	5　매우 독창적
4　실용적	4　독창적
3　다소 실용적	3　다소 독창적
2　가까스로 실용적	2　가까스로 독창적
1　실용성 무	1　독창적 무

표 1-3-15　발명에 대한 실용성 및 독창성 평가척도

　　서로 다른 두 가지 특성인 실용성과 독창성을 평가하였는데, 아이디어 발명은 실용성, 독창성 중에서 어느 한쪽만 높을 수 있고, 같이 2개 모두 높을 수 있고, 2개 모두 낮을 수도 있다.

　　발명이 얼마나 잘 그려져 있는지 보다 **발명 부품의 구성과 그 구성품이 어떻게 기능하는지**를 살폈고, 그리고 실제로 필요한 모든 부품들이 갖추어 있는지 보다 **종합적인 디자인 설계**를 판단하였다. (저자 설명: 발명의 구성과 작용효과 그리고 아이디어를 실현할 수 있는 가능성을 입증할 수 있는 정도의 구체성 판단- 반드시 제품으로 입증할 필요는 없다.)

　　마지막으로 발명이 **잘못된 부품을 사용**하였거나 **부품의 일부분으로만 구성**되어 있거나 혹은 **그려져 있는데 설명되어 있지 않으면** 발명을 평가하지 않았다.

　　실험에서 나온 발명은 모두 어떤 조건에서 도출되었는지 모르는 상태

에서 무작위 순으로 함께 평가하였으며, 그 평가된 발명을 다음과 같은 세 가지 방식으로 분류하였다.

• 실용적 발명

두 사람 평가자에게서 실용성에 관하여 합하여 적어도 9점을 받았다면 실용적 발명으로 분류하였다.

• 창의적 발명

실용적 발명이 또한 독창성에 관하여도 두 사람에게서 합하여 적어도 8점을 받았다면 창의적 발명으로 분류하였다.

• 매우 창의적 발명

창의적 발명이 만일 두 사람 모두에게서 두 가지 항목 모두에서 가장 높은 점수를 받았다면(각 평가 모두 10) 매우 창의적 발명으로 분류하였다.

여기서 발명의 실용성 평가에서는 실용성을 크게 강조했기 때문에 평가 과정에서 비교적 엄격하게 적용했다.

예를 들어 한 평가자에게서만 실용성을 평가받고 다른 평가자에서는 평가 점수를 받지 못한 발명은 제외하였다.

또한 창의적 발명으로 인정받기 위해서는 두 평가자 모두에게서 실용적 발명이 실용성과 함께 독창성을 인정받도록 하였다.

물론 창의적인 발명들에 대한 평가자들의 평가가 널리 보편적으로 담보되는 것은 아니기 때문에 평가의 객관성을 인정받기 위해서 가능한 많은 양의 창의적 발명 사례들을 확보하였다.

더 중요한 고려요소는 똑같은 평가기준을 다른 실험조건에서도 적용하는 것이었다. 이렇게 함으로써 평가자가 상대적으로 변화하는 여러 가지 변동성이 많은 제한 속에서도 일관성을 유지하면서 평가하도록 하였다.

세 가지 종류의 실험에서 주어진 조건들은 이미 앞에서 잘 설명하였다. 과연 어느 조건에서 창의적인 아이디어 발명들이 도출되었을까?

창의적 패턴 인식에 관한 선행 연구에서는 스스로가 자유롭게 생각할 때보다 제한에 의해서 정해진 틀 안에서 생각하는 것이 훨씬 더 새로운 아이디어를 찾도록 만들어서 창의적인 잠재력을 증가시킨다는 것이었다.

이 실험에서도 직관적으로 볼 때 **부품 선택에 대한 제한**은 오히려 정신적으로 참가자들에게 부품을 사용한 **새로운 구성**을 **자극**하게 만들고, **제품 범주에 대한 제한**은 종래의 **전통적인 사고** 방법을 훨씬 **억제**시킬 것으로 예상한다.

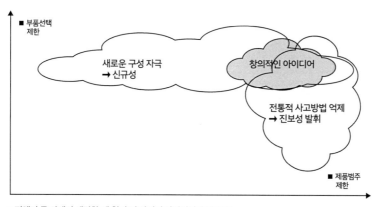

• 정해진 틀 안에서 생각할 때 훨씬 더 양질의 아이디어가 나온다!

그림 1-3-36 SIT 사고도구와 제한의 틀 - 제한된 범위의 원칙

그러나 어떤 면에서는 부품과 제품 범주의 선택 모두를 제한하는 것은 참가자들이 그러한 제한 속에서 찾아낼 수 있는 아이디어 발명을 아주 심하게 제한하여 일반적인 상식에 반하는 것처럼 보일지 모른다.

과연 이 실험에서는 선행 연구와 같은 결과가 잘 적용되었을까?

표 1-3-16은 세 가지 종류의 실험에서 나온 실용적, 창의적, 매우 창의적 발명의 수를 나타낸다.

발명의 유형	실험의 조건		
	① 제품 선택 자유 부품 무작위 지정	② 제품 무작위 지정 부품 무작위 지정	③ 제품 무작위 지정 부품 선택 자유
실용적	191	175	193
창의적	31	49	17
매우 창의적	11	14	3

- 실험 조건별 360회(60명이 6회), ①+②+③ 총 1080회 시행
- 실용적 발명: 실용성 차원에 대한 두 사람의 평가 점수 합이 9점 이상인 아이디어
- 창의적 발명: 실용적 발명이면서 독창성 차원에 대한 두 사람의 평가점수 합이 8점 이상인 아이디어
- 매우 창의적 발명: 실용성 및 독창성 차원 모두 두 사람에게서 만점(5*2사람=10점)을 받은 아이디어

표 1-3-16 실험의 조건별 실용적, 창의적, 매우 창의적 발명의 수

먼저 실용적 발명의 수효에 있어서는 어떤 유의미한 차이가 없는 것으로 나타났다.

그러나 창의적, 매우 창의적 발명의 수에 있어서는 세 가지 종류의 실험들 사이에서 중요한 차이가 있다는 것을 위의 표에서 보여준다.

창의적 발명에서 가장 큰 수(49)와 매우 창의적 발명의 수(14)는 부품과 제품 범주가 모두 무작위로 지정된 제한적일 때이다. 즉 두 번째 실험 B에서 얻어졌다. 이에 반하여 발명의 수가 가장 적게 나온 창의적 발명의 수(17)와 매우 창의적 발명의 수(3)는 참가자들이 스스로 부품을 자유롭게 선택할 때 발생하였다.

이 실험의 과제는 실용적 아이디어 발명을 도출하는 것이었다. 실용적 발명의 개수에서 볼 때 세 가지 종류의 실험조건들 사이에서 유의미한 차이가 없다는 것은 부품을 자유롭게 선택할 수 있을 때와 비교하여 부품과 제품범주를 제한할 때 아이디어 발명 도출이 반드시 더 강화되지는 않는다는 것을 의미한다.

오히려 이러한 제한들이 실용적 발명들보다는 단순하게 창의적 발명들에 대하여 더 높은 관계가 있다는 결과를 보여준다. 결국은 그러한 제한들로 인하여 발명의 창의성에 관한 질을 향상시켰음을 나타내었다.

실험 2의 조건인 부품과 제품 범주를 제한한 조건에서 참가자들은 시행횟수의 13.6%(49/360)의 비율로 창의적 발명을 도출하였다. 이 점은 이번 과제 수행의 환경에서 볼 때 더욱 주목할 만한 것이다. 즉 참가자들이 아이디어 발명 도출에 경험이 없고, 훈련을 받지도 않았으며, 부품과 제품 범주를 자유롭게 선택할 수 없는 상태에서 단지 2분간만 눈을 감고 발명을 생각하기 위한 시간이 주어졌을 뿐임을 감안한다면 더더욱 그렇다.

마지막으로 이번 과제 실험 시행의 어디에서도 학습효과가 있었음을 입증할 만한 증거가 전혀 관찰되지 않았다. 이것은 다시 말하면 자연발생적이고 시행착오적인 방법으로 아이디어 발명 도출 실험이 진행되었음을 의미한다.

나. FFF - '기능이 형태를 따른다(Function Follows Form).'의 창의성

90년대 초에 접어들면서 로날드 핀케(Ronald Finke)를 중심으로 한 심리학자들은 흥미로운 사실을 발견하였다. 창의성에 대해 발견한 새로운 사실은 어떤 필요(Needs)를 만족시키기 위해 새로운 형태의 창의적인 것을 만들기 보다는 이미 주어진 형태에 대한 그것의 잠재적인 편익을 찾는 것에 훨씬 더 선천적으로 사람들이 익숙해 있다는 것이다.

이러한 발견은 FFF(Function Follows Form)라고 불리는 새로운 사고방식의 접근법을 낳게 되었다.[27] 즉 이것은 우리들에게 먼저 **가상 상태**(Virtual Situation-형태)를 만들어 본 후 그리고 나서 그것의 **잠재적 편익**(Function-기능)을 조사하여 찾아보도록 하였다.

지금까지 우리는 기능을 먼저 생각하고 그리고 그 후에 그 기능을 잘 실현할 형태를 생각해 보는 기능주의가 원칙으로 자리 잡고 있었다. 그러나 이러한 원칙하에서는 통상적인 사고의 범위를 벗어나기 힘들기 때문에 창의적인 발상을 위해서는 'FFF-기능이 형태를 따라야 한다.'라고 주장하였다.

FFF(Function Follows Form)는 연구중심 혹은 설계중심으로 이루어지는 프로세스에서 혁신을 이루기가 어려운 단점을 극복하는 하나의 방법이 될 수 있다.

전통적으로 제품의 혁신은 먼저 현장의 목소리인 소비자의 요구를 반영하는 것에서 시작하여 그 문제를 해결하기 위한 기능에 맞는 제품을 디자인하는 프로세스로 이루어진다. 그러나 소비자들이 그들의 요구를 명확히 표현하기가 어렵고, 아직 존재하지 않는 제품을 형상화하는 것도 사실상 쉽지 않다.

그렇다면 FFF(Function Follows Form)의 접근 방식은 결과적으로 어떤 유익이 있을까?

가상의 상태를 먼저 시각화하고 나중에 그것의 편익을 찾아내는 것은 그 과정 중에 여러 어려움이 산재해 있다. 이러한 난제가 있음에도 불구하고 그 과정을 수행하면서 이전에는 전혀 예기치 못했던 신박한 아이디어와 새로운 시장의 발견 그리고 또 다른 기회를 찾을 수 있다.

즉 이것은 마치 화살을 쏜 후에 과녁을 정한다면 항상 과녁에 적중할 수 있으며, 이전에는 전혀 상상할 수 없었던 새로운 표적도 발견할 수 있는 것과 같은 유익이 있는 것이다.

이것을 제품의 상품화 측면에서 적용해 본다면 지금까지 생각하지 못한 새로운 가치를 발견할 수 있으며 기존 제품에 대해서도 고객 관점의 새로운 아이디어(customer needs)를 발견할 수 있게 된다.

이렇게 창출된 새로운 아이디어들은 실용적인 경향이 있다. 왜냐하면 그 아

---

27 https://www.sitsite.com/method/function-follows-form/

이디어들은 기존의 지식과 역량에 근거를 두고 창출되었을 뿐만 아니라 실행하기에 적합한지에 대해서도 이미 걸러졌으며, 앞으로 예상되는 난제들을 해결하기 위한 과정도 거쳤기 때문이다.

FFF(Function Follows Form)는 현재의 상황이나 제품에 대한 개선안을 체계적으로 연구함으로써 일회적인 혁신보다는 장기적인 혁신 계획을 수립하거나 혹은 진행 중인 과제를 구체화하는 것에 적용할 수도 있다.

다. SIT 사고도구와 FFF 프로세스의 적용

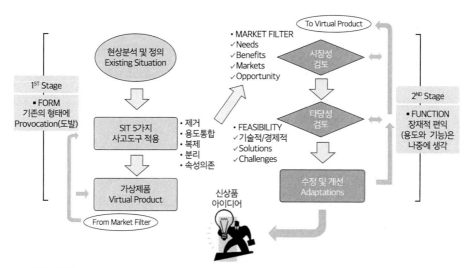

그림 1-3-37 SIT 사고도구와 FFF 프로세스의 적용 절차

위의 그림은 FFF(Function Follows Form) 프로세스의 관점에서 SIT 사고도구를 적용하는 절차를 나타낸 것이다.[28] 즉 가상의 제품을 먼저 정한 다음에 그것의 효용을 찾아 새로운 상품을 개발하는 것이다.

---

28 https://www.sitsite.com/method/existing-situation/

① 현상분석 및 정의

FFF(Function Follows Form) 프로세스를 수행할 때 첫 번째 단계는 현재의 상태를 정확하게 정의하는 것이 중요하다. 현상분석은 프로세스를 진행하는 모든 단계뿐만 아니라 제품을 구성하는 부품 그리고 전략적인 측면의 자원까지도 포함하여 이를 대상으로 명확한 분석이 이루어져야 한다. 현재의 상태에 대하여 명확하게 분석이 이루어졌을 때만 비로소 FFF(Function Follows Form) 프로세스에서 다음 단계로 이동하여 사고도구를 적용할 수 있다.

② 가상제품

가상제품[29]이란 시장에 나와 있는 기존 제품을 마음속으로 솜씨 있게 잘 상상하여 만들어 낸 제품을 가상제품이라고 부른다. 이러한 가상제품을 직접 눈에 보이도록 시각화하는 것은 가상제품을 어디에 사용할 수 있을지 처음에는 전혀 명확하지가 않기 때문에 단순하지 않은 어려운 작업이다. 이러한 불확실성 때문에 매우 불편한 느낌을 받을 수 있다. 그러나 이러한 심리적인 저항이 있기 때문에 오히려 FFF(Function Follows Form)가 창의적인 사고에 효과를 발휘하는 매우 유용한 사고도구가 될 수 있는 이유이기도 하다. 왜냐하면 가능한 편익을 억지로라도 생각해보는 중에 미처 몰랐던 고객의 요구나 혹은 새로운 제품에 대한 시장을 확인해 볼 수도 있기 때문이다.

SIT 사고도구의 FFF 프로세스 적용사례

SIT 사고도구 중에서 제거 기법을 사용하여 P&G 회사가 '옷 프레시너(Clothes Freshener)'라는 세제를 개발하여 시장에서 통하는 상품화에 성공한 사례를 이미 소개(제3장 제3절 2. 가)하였다.

다음의 그림은 이것을 SIT 사고도구의 FFF(Function Follows Form) 프

---

29 https://www.sitsite.com/method/virtual-product/

로세스를 적용하여 그 절차를 도식적으로 나타낸 것이다.

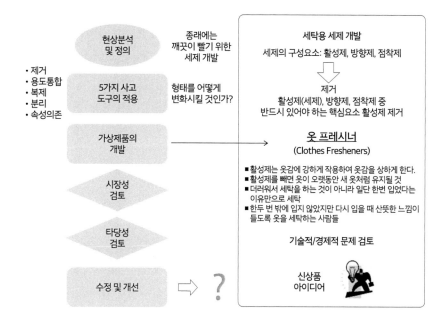

그림 1-3-38 SIT 사고도구와 FFF 프로세스의 적용 사례

확산적 아이디어 창출 기법

1. 확산적 아이디어 창출 기법의 특징

아이디어를 최대한 다양하게 양적으로 많이 생성해 내는 발상법이다. 이를 위해서는 아이디어에 대한 판단을 유보하고 아이디어의 발상과 평가 시간을 분리하여 운영한다. 이러한 이유때문에 아이디어 발상 시간에는 자유로운 분위기 속에서 비판을 금지하고 동료들의 아이디어에 편승하여 상상력을 충분히 발휘할 수 있도록 유도한다.

2. 확산적 아이디어 창출 기법의 종류

현재의 문제를 해결하기 위한 사용목적(제3장 제1절 2. 가 참조)에 따라 어떤 기법을 사용할지가 달라질 수 있는데, 대표적인 것으로 브레인스토밍, 브레인 라이팅, 스캠퍼, 체크리스트 기법 등이 있다.

가. 브레인스토밍(Brainstorming)

미국의 광고회사인 비비디오(BBDO)의 창립자 중 한 사람인 광고전문가 알렉스 오스본(Alex Osborn)이 그의 동료들과 1939년에 브레인스토밍(brainstorming) 기법을 창안했고 이를 1949년 그의 저서 『크리에이티브 파워(Your Creative Power)』

에서 소개했다. 이 저서에서 그는 참여자가 지켜야 할 기준으로 아래와 같은 4가지 규칙도 제시하였는데, 이 기법은 소규모 집단이 한 가지 문제를 놓고 서로 아이디어를 내는 일종의 회의기법이다.

 4가지 규칙

다다익선: 아이디어 양 중시

비판금지

자유분방(Welcome unusual IDEA)

결합개선: 타인의 아이디어에 새로운 것 추가

나. 브레인라이팅 (Brain Writing)

종래의 문제점을 약간 개선하여 새로운 해결책을 찾고자 할 때 주로 사용하는 방법이다. 브레인스토밍 기법과 유사하며 단지 워크시트(Worksheet)를 사용하여 자신의 아이디어를 직접 기재하는 것이 차이점이다. 따라서 발표를 두렵고 어려워하는 참가자나 엉뚱한 아이디어라 잘 표현하지 못하는 참가자에게도 쉽게 표현할 수 있는 장점이 있다.

주제					
참가자	아이디어 1	아이디어 2	아이디어 3	아이디어 4	· · ·
○○○					
△△△					
· · ·					

표 1-3-17　브레인라이팅 양식지

다. 스캠퍼 기법(SCAMPER)

스캠퍼(SCAMPER) 기법은 7가지의 질문 목록을 적용하여 사고를 자극함으로써 새로운 아이디어를 도출해 내는 질문 기법이다.

질문 내용	적용 사례
대체(Substitute)	본질적 기능 유지하면서 재료 대체- 종이컵, 나무젓가락, 고무장갑
결합(Combine)	다른 기능의 제품 결합- 지우개 달린 연필, 블루투스 USB
적용(Adapter)	게코도마뱀 발바닥 구조 → 접착제 개발
수정-확대-축소 (Modify or Magnify or Minify)	기존 제품을 수정, 확대, 축소- Post-it, 워크맨
용도변경(Put to other use)	기존 제품의 용도 변경- 살충제 → 제초제
제거(Eliminatee)	기존 제품의 일부 기능 제거- 녹음 기능 제거한 재생 전용 MP3
재배치(Rearrange)	기존 제품의 기능 또는 특성을 재정리- 다섯 발가락 양말

표 1-3-18 스캠퍼 기법의 7가지 질문 목록

라. 체크리스트 기법

개선해야 할 부분에 대한 체크리스트 항목을 만들어 이것들을 하나하나 점검해 나가면서 아이디어를 발상해 나가는 기법으로 개선점 발견이 용이하고 개선점을 누락하지 않고 검토할 수 있다.

구분	세부 내용
다른 용도는?	새로운 용도는 없는가? 혹은 수정한다면 새로운 용도로 가능한가?
변형이 가능한가?	색상, 냄새, 형태, 모양을 변화시킨다면?

결합·분리 등은 가능한가?	
·	·
·	·
·	·

표 1-3-19 체크리스트 기법의 예시

수렴적 아이디어 창출 기법

1. 수렴적 아이디어 창출 기법의 특징

확산적 아이디어 창출 기법을 통해 확보된 아이디어들 중에서 여러 가지 대안들을 분석하여 우선순위를 정하여 최상의 아이디어를 찾기 위한 과정이다.

2. 수렴적 아이디어 창출 기법의 종류

실제로 사용할 최선의 아이디어를 선정하기 위하여 제안된 아이디어들에 대한 비판과 평가를 진행한다. 히트(Hits) 기법, 하이라이팅(Highlighting) 기법, 평가행렬(Evaluation Matrix) 기법 등(제3장 제1절 2. 나 참조)이 있다.

가. 히트(Hits) 기법

생성된 아이디어 중에서 주제와 목적에 적합하여 직관적으로 괜찮고 재미있다고 느껴지는 아이디어를 대안으로 체크(√)하면서 이를 평가하여 선정하는 기법이다. 히트 기법을 통해 선정된 대안의 수가 많을 때에는 다시 체크하면서 좁혀 나간다. 이때 서로 관련되어 있는 것 같이 보이는 히트 아이디어들을 같은 항목으로 결집시켜 묶어나가는데 이를 핫스팟(hot spot)이라 한다.

나. 하이라이팅(Highlighting) 기법

하이라이팅 기법은 히트 아이디어들 중에서 유사 항목으로 묶여있는 핫스팟을 검토하여 문제에서 요구하는 바를 가장 잘 만족시키는 핫스팟을 선정하는 기법이다. 여기에는 하나 이상의 핫스팟이 선정될 수 있다.

다. 평가행렬(Evaluation Matrix) 기법

하이라이팅 기법에 의해 분류된 대안들을 평가하는 기법이다. 분류된 대안들의 수가 제법 되지만 너무 많지 않을 때 유익하게 사용될 수 있다.

아이디어들을 가로축에 나열하고 세로축에는 평가기준을 적은 행렬표를 만들어 아이디어들을 체계적으로 평가할 수 있다. 이러한 평가를 통해 구체적이며 평가의 위험성을 줄일 수 있는 장점이 있다.

평가	아이디어 1	아이디어 2	. . . .
평가기준 1			
평가기준2			
. . . .			

표 1-3-20 　평가행렬 기법의 예시

기업 관점의 창의적 아이디어 열쇠

1. 고객을 위한 가치창조

과거에 기업의 궁극적 목적은 영리를 추구하여 최대의 이윤을 창출(기업목적 일원설)하는 것이었다. 그러나 지금은 이러한 경제적 목적 외에 기업의 사회적 책임(CSR-Corporate Social Responsibility)이라는 비경제적 목적까지를 포함하는 다차원적 목적(기업목적 다원설)을 추구하는 것이라는 주장이 있다. 기업의 사회적 책임은 기업이 지속 가능한 성장을 이루기 위한 동력의 한 가지 요소가 되기 때문이다. 여기서 기업의 이 두 가지 목적에 관여하는 핵심적인 키워드(Key Word)가 있는데 바로 고객이다. 기업의 경제적 목적이나 비경제적 목적을 이루기 위한 고객이 누구인가를 정확히 파악하고 이를 만족시키기 위한 전략을 구사할 때 비로소 기업은 존재하고 성장하게 되는 것이다. 예전에는 고객 만족을 넘어서 고객을 졸도시킬 정도까지 나가야 한다는 개념도 있었다. 이를 위해서는 나의 고객이 누구인지를 정확히 파악하는 데서부터 출발해야 한다. 이전에 필자가 기업에 근무했을 때는 기업의 의사결정 과정에 고객의 중요성을 일깨우기 위하여 결재 칸에서 CEO 결재의 다음 단계로 '고객' 결재 칸을 두었다. 회의실마다 '고객의 자리'라는 명패를 두고 고객의 자리도 마련하였다. 즉 기업은 시장에서 고객의 선택을 받아야 존재하고 성장할 수 있다는 의미에서였다.

결재	담당	팀장	임원	부문장	CEO	고객

그림 1-3-39 기업의 목표달성 팀워크 회의　　　　　출처: by GraphicMama-team, pixabay.com

2. 누가 나의 고객인가? - 진정한 고객 찾기

　　비즈니스 프로세스 단계마다 혹은 시간에 따른 사업 환경별 나의 **진정한 고객**이 누구인가를 정확히 파악하는 것은 매우 중요하다. 고객이 누구인지를 정확히 파악해야 그 고객을 만족시키기 위한 방법이 나오고 그 고객이 원하는 가치를 제공할 수 있게 되기 때문이다. 만약 어떤 기술력을 갖고 있는 기업이 그 기술력만을 믿고 변화하는 고객의 요구(Needs)를 제대로 반영하지 못한다면 일방적으로 자사의 기술력을 과시하고 홍보할 수는 있겠지만 **고객이 원하는 가치를 더 이상 제공할 수 없기 때문에** 결코 시장에서 지속적으로 고객의 선택을 받을 수가 없을 것이다.

> **사례 연구**

　　우리는 '누가 우리의 고객인가?'라는 관점에서 목표(Target) 대상이 되는 고객을 정확하게 파악하여 비즈니스에서 성공한 사례를 쉽게 찾아 볼 수 있다.
　　글로벌 시대에 영어는 의사소통(Communication)을 위한 필수 스펙이 되었다.

기존의 유명한 영어 학원들 속에서 당당하게 자리를 차지한 '시원스쿨'의 이시원 대표는 2006년 11월 온라인 교육정보 제공업 및 학원사업으로 사업을 시작하였다. 이시원 대표는 영어를 배우기 원하는 수강생의 대부분은 영어를 잘 모르기 때문에 배우기 위하여 오는데 기존의 유명 영어 학원과 시중에 나와 있는 교재들은 마치 '수영 선생님의 목표가 수영을 못하는 학생이 수영을 할 수 있게 하는 것이 아니라 수영 책을 떼도록 하는 게 목표'인 것처럼 느껴졌다고 한다. 이러한 콘텐츠로는 실질적으로 수강생들의 가려운 부분을 해소하지 못한다고 판단하고 이러한 수강생 고객을 대상으로 영어 교육 과정을 개발하였다. 결과는 돌풍을 일으키며 대박으로 이어졌다. 왕초보 영어라는 이름으로 시작하여 10년 만에 '1000억 벤처' 클럽에도 가입하였으며, 회원 수도 2007년 1만 명을 기록한 이후 10년 만에 100만 명을 돌파했다. 시원스쿨은 왕초보 고객을 대상으로 콘텐츠를 개발하여 성공한 것이다.

그림 1-3-40 시원스쿨 - 누가 나의 고객인가?   출처: 시원스쿨 홈페이지 캡쳐 (https://www. siwonschool.com)

3. 어떻게 고객 만족 가치를 제공할 수 있을까? - 혁신

고객이 누구인지를 정확하게 파악하여 목표(Target) 대상이 되는 고객이 정해지면 그 고객을 만족시키기 위한 가치를 어떻게 제공할지 방법을 찾게 된다.

"만인의 연인은 누구의 연인도 아니다."라는 말이 있다. 즉 고객이 특정이 되면 그 고객을 만족시키기 위한 방법도 그에 맞추어 맞춤형으로 제공할 수 있어야 된다. 이는 모든 고객을 대상으로 하는 것보다 정해진 특정 고객을 대상으로 맞춤형으로 가치를 제공하면 고객의 만족도가 높아지기 때문이다.

앞의 사례 연구에서 언급한 시원스쿨은 **왕초보 수강생을 고객으로 하여** 강의를 진행하게 되니까 당연히 **강의 방법도 이에 따라 바뀌어야** 한다.

수강생의 입장에서 작성한 강의 수강 후기를 보면 '초반에 제일 좋았던 것이 "너 이 정도는 알지"라는 느낌으로 설명하는 것이 아니라 "모를지도 모르니까"라는 느낌으로 설명하여 정말 몰랐던 것을 초반 강의에서 많이 배웠다'고 한다.

또한 이러한 강의 방법 변경은 수업을 듣는 입장에서 보면 시험 준비하며 듣는 인터넷 강의처럼 전혀 느껴지지 않았으며 토크쇼 보는 것 같아 유튜브 보듯 시간이 잘 가더라고 하였다.

시원스쿨은 왕초보 입장에서 이해하기 쉬운 방법을 적극적으로 개발하여 고객 만족 가치를 제공하였다.

새로운 모델의 교육전문회사를 설립한 현승원 대표는 처음에 안산에서 동생과 함께 쓰리제이 영어 학원을 세우고 영어를 가르쳤다. 그리고 그는 창업 9년 만인 2019년 3천 3백억의 기업 가치를 인정받은 에듀테크 기업 디쉐어의 의장이 되었다.

영어를 잘 가르치기 위하여 그는 1만 시간을 투자하여 소위 말하는 잘나가는 일타 강사들의 특징을 모방하였다고 한다. 일타 강사들의 50분짜리 강의 1만 개를 보고 듣다 보면 다음에 무슨 언어를 쓸지를 안다고 한다. 그리고 일타 강사들의 특징은 수강생들에게 기대감과 확신을 준다고 한다.

인터넷 강의는 수강생들의 평균 완강률이 20% 정도 밖에 안 되기 때문에 클릭을 할 수 있도록 유도하는 것이 중요한 유튜브와는 다르다고 한다.

인터넷 강의는 돈을 주고 신청했기 때문에 클릭한다는 전제하에 끝까지 완강하여 듣도록 하는 게 더 중요하다고 한다. 그래서 수강생들에게 다음 회차 강의를 안 들으면 안 되게 궁금증과 기대감을 주도록 강의한다고 한다.

누가 나의 진정한 고객인지 고객만 잘 정의하여도 어떻게 고객 만족 가치를 제공하여야 되는지 이에 따른 차별화 방법이 성공적으로 좁혀지게 된다. 여기서 혁신으로 나아가는 길목을 만나게 된다.

고객 Needs 정의와 가치 제공 방법 도출 사례

학생의 성적이 안 오르는 이유	고객 가치를 제공하기 위한 방법 도출
강의가 안 좋아서	온라인 인터넷 일타 강사 강의 copy -1만 시간 투자 diction과 예시 따라 하기 -완강률: 기대감과 확신 갖게
관리가 안 되어서	대형 학원 관리에서 소수 과외 관리 수준으로 -관리 인력 1천여 명
강의 콘텐츠	책 잘 만드는 콘텐츠 전문가 집단이 개발

표 1-3-21 고객 Needs 정의와 가치 제공 방법 도출

4. 고객 가치와 혁신의 관계 - 고객을 위한 가치 창조가 혁신을 만든다.

고객이 중요하다는 것은 이미 앞에서도 언급하였다. 그런데 이러한 고객의 요구는 시간에 따라 변하는 함수관계에 있다. 왜냐하면 고객의 요구는 시간에 따라 학습한 결과이기 때문이다. 고객이 학습한 결과를 우리는 유행 또는 트렌드라고 한다. 고객이 만족할 만한 가치를 제공하기 위해서는 반드시 트렌드를 읽고 따라 잡아야 한다. 그리고 여기서 한 걸음 더 나아가 고객 요구의 옥석을 가릴 줄 아는 지혜도 필요하다.

고객 중에는 단순하게 불편한 문제점을 개선해 주기를 바라는 고객이 있는가 하면, 호기심 많은 어떤 고객은 신제품이 출시되면 즉시 사용해 보고 미래 고객의 입장에서 제품을 평가하는 고객도 있다. 호기심이 많은 고객의 제안은 현장감 있는 아이디어로 혁신을 이루는 아이디어가 나올 확률이 많아진다.

또 하나는 현재의 고객이 관심을 두고 있지는 않지만 기업이 전문적인 상품 기획이나 전략 과정에서 미래 고객을 만족시키기 위한 가치를 제공하는 혁신을

만날 수 있게 된다. 그러나 이 단계에서는 혁신을 이루기 위해 기업이 뛰어 넘어야 할 산(과제)도 많이 존재한다.

애플의 스마트폰이 나오기 전에 사실은 LG전자에서 PDA 폰이라는 것이 나왔지만 그 당시에는 성공하지 못하였다.

그리고 스마트폰도 지금까지는 완성된 상태로 구매하였다. 그러나 고객의 취향에 따라 사진에 취미가 있는 고객은 고성능 카메라 기능을 선호하고, 음악 애호가는 음향을 중시하여 고성능의 하이파이 스피커를 선호하고, 또 스마트폰 사용 시간이 많은 고객은 아무래도 배터리 용량을 중요시하기 때문에 이러한 고객의 요구를 반영하여 미래형 스마트폰으로 모듈식 스마트폰을 기업에서 개발하였다. 몇 년 전에 구글에서 모듈 방식의 조립형 스마트폰 개발을 프로젝트로 추진하였으나 출시하지는 못했고, LG전자에서도 LG G-5라는 모델로 모듈 폰을 출시하여 모듈을 끼울 수 있는 슬롯을 전체 6개로 구성하고 스피커, 고속통신, 고성능 카메라 기능 등을 가진 모듈 등을 사용 환경에 맞게 끼워 쓰도록 하였으나 시장에서 성공하지 못했다.

고객의 요구가 시간에 따라 변하는 함수 관계에 있기 때문에 기업의 제품 개발 역사에서 위와 같은 사례는 제법 많이 찾을 수 있다.

고객을 위한 가치(Value) 창조가 극대화되는 시점에서 시장은 반응한다. 그래서 결국 고객을 앞서 이끄는 기업의 기술력과 고객의 요구가 잘 조화롭게 맞아떨어지는 영역의 지점에서 사업화에 성공할 수 있는 혁신적인 사례가 나올 확률이 많아진다.

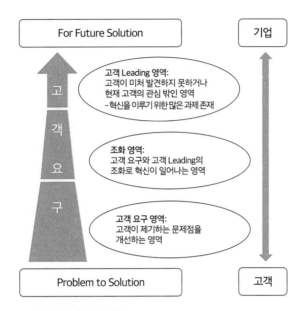

For Future Solution

기업

고객 Leading 영역:
고객이 미처 발견하지 못하거나
현재 고객의 관심 밖인 영역
- 혁신을 이루기 위한 많은 과제 존재

조화 영역:
고객 요구와 고객 Leading의
조화로 혁신이 일어나는 영역

고객 요구 영역:
고객이 제기하는 문제점을
개선하는 영역

고객요구

Problem to Solution

고객

그림 1-3-41 고객 가치와 혁신의 영역

II

지식재산 – 특허의 창출·보호·경영

제1장

지식재산권 개요

지식재산권이란?

1. 지식재산권의 의미

지식재산권이란 단어는 지식과 재산권이란 단어의 결합으로 되어 있다. 지식의 사전적 의미는 '어떤 대상에 대하여 배우거나 실천을 통하여 알게 된 명확한 인식이나 이해'로 되어 있어 인간의 사고에 의해 얻어지는 모든 무형의 결과를 일컫는다. 재산은 재화(Goods)와 자산(Asset)을 통틀어 이르는 말로 금전적 가치가 있는 것을 말하므로 재산권은 전통적으로 경제적 가치가 있는 것에 대한 권리이다.

지식재산권에 대한 명칭은 이전에 공업소유권, 지적소유권이라는 명칭으로 불리다가 지적재산권이라고 변경하여 부르게 되었으며 다시 2011년 5월 19일에 발효된 법률 제10629호 '지식재산 기본법'에 의하여 '지식재산권'이라는 용어로 정착되었다.

인간의 사고에 의해 얻어지는 결과를 단순한 소유의 개념에서 적극적인 재산의 개념으로 넓힌 인식 변화가 있었음을 알 수 있다.

유체물의 경우에 전통적으로 소유의 개념이 강하다. 그래서 동산과 부동산과 같은 유체물에서는 소유에 대한 권리가 중요하며 또한 이를 두고 분쟁이 많이 발생한다.

그러나 현대사회에서는 재화 가치의 중심이 기술의 발전으로 무형의 자산 쪽으로 급격히 옮겨 가고 있다. 이러한 무형의 자산은 생산에 있어서 인간의 두뇌를 바탕으로 하고 있어 비용이 거의 들어가지 않아 효율성이 매우 높은 특징이 있다. 특히 자원이 부족한 우리나라에서는 최근 전 세계적으로 각광받는 K-Culture를 중심으로 하는 문화산업과 기술을 적극 보호하여 지식재산권을 통한 국가 경쟁력을 높일 수 있다.

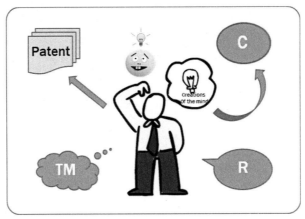

그림 2-1-1　지식재산권-인간의 사고에 의한 무형의 결과물

출처: https://commons.wikimedia.org/wiki/File:Pictofigo_-_Idea.png
by Pictofigo (CC BY-SA), remix

2. 지식재산권의 중요성

과거에는 재산의 개념을 눈에 보이는 유체재산에만 한정하여 생각해 왔다. 그러나 우리는 현대사회에서 머릿속에서 생산되는 눈에 보이지 않는 수많은 결과물들을 생산해 내고 있다. 이러한 결과물들을 생산해 내기까지는 많은 비용과 시간을 투자해서 만들어 내게 된다. 그런데 어느 순간 이러한 무형의 결과물들에 대한 경제적 가치는 통신기술과 문화산업의 발전으로 결과물을 순식간에 전파하여 공유하면서 시장에서의 경제적 가치가 폭발적으로 증가하게 되었다.

기업의 시장가치도 토지, 건물, 현금 및 채권, 재고 등과 같은 유형의 자산보다 무형자산의 비중이 훨씬 큰 시대가 되었다. 무형자산 중에서도 지식자산은 자원이 한정되어 있는 시대에 더욱 각광을 받고 중요하게 되었다. 어느 기업에서는 '자원유한 지무한(資源有限 智無限)'이라는 구호 아래 지식재산 창출을 적극 유도하는 기업문화를 만들기도 하였다. 이는 모두 다 무형의 자산인 지식재산권의 중요성을 인식한 기업의 대응책이다.

특허평가 업체 오션토모(Ocean Tomo)에 따르면 2022년 11월 현재 S&P 500 기업가치 중 무형자산의 가치가 21조 달러 이상으로 총 자산의 90%를 차지한다고 한다. 이는 지난 35년 동안 S&P 500의 무형자산 가치 비율이 거의 3배가 된 것이다.

특히 1990년대에 들면서 무형자산 비중은 급격히 증가하였다. 이것은 정보기술의 발달로 무형자산이 1985년에 4280억 달러로 전체 자산의 32%에서 1995년 3조 1200달러로 비중이 68%까지 급증하였다. 무려 10년 만에 금액으로는 7배 이상이 늘었다.

앞으로도 기술의 발전에 따라 무형자산의 비중은 더욱 늘어나고 중요해질 것이다.

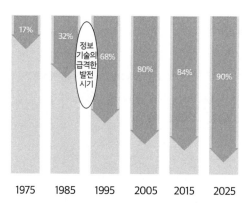

그림 2-1-2 S&P 500기업의 시장가치 중 유·무형자산 비율

출처: Ocean Tomo Intangible Asset Market Value Study

무형자산은 전산화된 정보, 지식재산 그리고 브랜드, 인적 자원 및 조직자본으로 구성되는 경제적 역량의 세 가지 유형이 있는데 이 중에서 지식재산의 비중이 제일 높다. 글로벌 환경의 경쟁에서 기업이 지식재산권을 점점 더 중요하게 생각하는 이유이다.

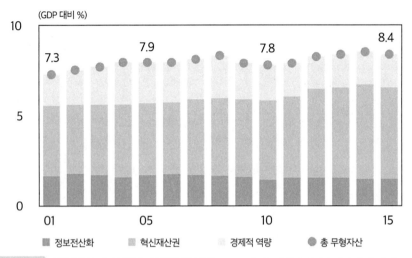

그림 2-1-3 무형자산 추이 및 지식재산권 비중   출처: 한국은행 '무형경제의 부상: 무형자산의 역할 및 시사점' BOK 이슈노트 No 2020-3 (2020년 4월 3일)

3. 지식재산권 보호제도

프랑스가 낳은 위대한 사상가이자 수학자인 블레이즈 파스칼(Blaise Pascal, 1623~1662)은 "인간은 자연 속에서 가장 약한 단지 하나의 갈대일 뿐이지만 생각하는 갈대이다(Man is only a reed, the weakest in nature; but he is a thinking reed)." 라는 불후의 명언을 남겼다.

조각가로 유명한 프랑스의 오귀스트 로댕(Auguste Rodin, 1840~1917)은 처음에 자신이 제작한 '**지옥의 문**'이라는 연작 조각부의 일부를 떼어 독립적으로 1888년 실물 크기보다 더 크게 '**생각하는 사람**'을 제작하여 발표하였다. 이후 '생각하는 사람'은 기념비적인 조각상으로 자리 잡았다.

그림 2-1-4 로댕의 지옥의 문, 생각하는 사람

인간은 뇌를 사용하여 기억 및 학습 활동을 하며, 뇌 속에 수많은 기억 소자를 갖고 많은 생각을 하며 살아가고 있다. 이 생각하는 힘이 인간을 다른 동물과 구별되게 만들고 결국에는 지구상에서 만물을 지배하는 위대한 존재로 만들었다.

인간의 이러한 생각들 중에는 훌륭한 아이디어로 다듬고 발전시켜 인류 모두에게 유익함을 안겨주는 결과물을 도출할 수도 있다. 이러한 아이디어의 발상은 적극적으로 장려하고 촉진시켜 인류의 발전을 이룰 수 있도록 하는 체계적인 지원 제도가 필요한데 이것이 바로 지식재산권 보호제도이다.

지식재산권의 종류

    지식재산권은 물질문명의 발달에 따라 산업 활동과 관련한 사항을 보호의 대상으로 하는 산업재산권과 인간의 사상이나 감정을 표현한 문화·예술 창작물을 보호함으로 정신문화의 창달에 기여하는 저작권과 과학기술과 사회의 발달로 새롭게 등장하는 분야를 보호대상으로 하는 신지식재산권으로 크게 나누어진다.

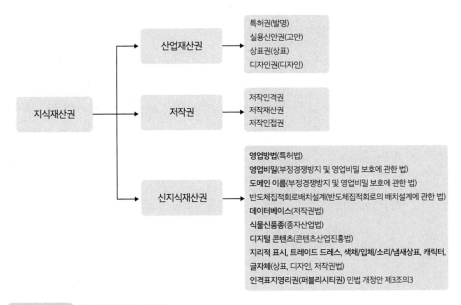

그림 2-1-5 지식재산권의 종류

1. 산업재산권

산업재산권은 특허권, 실용신안권, 상표권, 디자인권을 말하며 산업경제와 관계가 깊다. 이들의 권리는 각각의 법률에 의하여 보호되며, 보호되는 대상이 서로 다르다.

가. 특허권·실용신안권

특허권은 자연법칙을 이용한 기술적 사상의 창작으로서 고도한 발명을 보호대상으로 하며, 실용신안권은 물품의 형상·구조 또는 조합에 관한 자연법칙을 이용한 기술적 사상의 창작인 실용적인 고안을 보호대상으로 한다. 따라서 특허권과 실용신안권은 보호대상에 있어서 차이점이 있다.

그리고 실용신안제도는 한때(1999. 7. 1 ~ 2006. 9. 30까지 출원) 선등록제도라는 것을 운영하였는데 이는 기초적인 요건만을 심사하여 권리를 설정하여 등록시킴으로써 특허출원에 비하여 심사처리기간이 대폭 단축되는 효과가 있었다. 그러나 현재는 특허출원의 심사처리기간도 짧아져 선등록제도의 장점이 사라지고 오히려 심사 없이 등록될 경우에 권리의 오·남용으로 인한 출원인의 부담 증가 문제점 등의 부각으로 실용신안제도를 심사 후 등록제도로 전환하였다.

나. 상표권

상표제도는 '상표를 보호함으로써 상표사용자의 업무상 신용유지를 도모하여 산업발전에 이바지하고 수요자의 이익을 보호함'을 목적으로 한다(상표법 제1조).

이러한 상표는 자기의 상품과 타인의 상품을 식별하기 위하여 사용하는 표장(標章)을 말하는데(제2조 제1항 제1호), 여기서 표장이란 '기호, 문자, 도형, 소리, 냄새, 입체적 형상, 홀로그램·동작 또는 색채 등으로서 그 구성이나 표현방식에 상관없이 상품의 출처(出處)를 나타내기 위하여 사용하는 모든 표시'를 말한다(제2조 제1항 제2호).

또한 상표법상의 상품에는 지리적 표시가 사용되는 상품의 경우를 제외하고는 서비스 또는 서비스의 제공에 관련된 물건도 포함하는데, 이는 2016년 개정법에서 서비스표를 상표에 통합하여 규정함으로써 포함되었다.

다. 디자인권

디자인보호법은 '디자인의 보호와 이용을 도모함으로써 디자인의 창작을 장려하여 산업발전에 이바지함'을 목적으로 한다(디자인보호법 제1조).

디자인보호법에서의 디자인은 '물품의 부분 및 글자체를 포함하는 물품에 대하여 형상·모양·색채 또는 이들을 결합한 것으로서 시각(視覺)을 통하여 미감(美感)을 일으키게 하는 것'을 말한다.

우리가 사용하는 글자체도 디자인의 물품에 포함하여 보호하는데 디자인은 물품의 외관을 보호하는 권리이다.

종류	특허	실용신안	상표	디자인
정의	자연법칙을 이용한 기술적 사상의 창작으로서 고도한 것(특허법 제2조)	자연법칙을 이용한 기술적 사상의 창작(실용신안법 제2조)	자기의 상품(서비스 또는 서비스의 제공에 관련된 물건을 포함)과 타인의 상품을 식별하기 위하여 사용하는 표장(상표법 제2조) (표장: 기호·문자·도형·소리·냄새·입체적 형상·홀로그램·동작·색채 등으로서 상품의 출처(出處)를 나타내기 위하여 사용하는 모든 표시)	물품(물품의 부분, 글자체 및 화상 포함)의 형상·모양·색채 또는 이들을 결합한 것으로서 시각을 통하여 미감을 일으키게 하는 것(디자인보호법 제2조)

보호 대상	물건, 방법, 물건을 생산하는 방법의 특허 발명(특허법 제2조)	산업상 이용할 수 있는 물품의 형 상·구조 또는 조합 에 관한 고안(실용 신안법 제4조)	상품 및 서비스의 표장	물품의 디자인
보호 기간	출원일로부터 20년 (등록일로부터 권 리 발생)	출원일로부터 10년 (등록일로부터 권 리 발생)	등록일로부터 10년 (10년마다 갱신가 능-반영구적 효력)	출원일로부터 20년 (등록일로부터 권리발생)

그림 2-1-6   산업재산권의 주요 차이점 비교

2. 저작권

저작권은 '인간의 사상 또는 감정을 표현한 창작물'에 주어지는 권리이다. 특허권과 실용신안권은 기술적 사상의 창작으로 기술 분야에 대한 것인데, 저작권은 문학, 학술, 예술 등의 분야에 속하는 창작물에 주어지는 권리이다. 또한 특허와 실용신안 등의 산업재산권은 별도의 출원과 등록 절차를 거쳐서 권리가 발생하는데 저작권은 등록과 무관하게 저작물을 창작한 시점부터 권리가 발생한다.

저작권은 저작물을 창작한 저작자의 인격적 이익을 보호하는 권리인 저작인격권과 경제적 이익을 추구할 수 있는 권리인 저작재산권이 있다.

그리고 저작권법에서는 이 법의 목적을 '저작자의 권리와 이에 인접하는 권리를 보호하고 저작물의 공정한 이용을 도모함으로써 문화 및 관련 산업의 향상 발전에 이바지함을 목적으로 한다.'라고 기술하고 있어서 저작물을 직접 창작한 자는 아니지만 가수와 같은 실연자, 음반제작자, 방송을 업으로 하는 방송사업자와 같이 저작물의 전달자로서 창작의 가치를 증진시키는 자들에게도 저작인접권이라는 권리를 주어 보호하고 있다.

저작인격권은 그 성질상 일신전속성 권리로 공표권, 성명표시권, 동일성유지권, 명예권이 있으며, 저작재산권에는 복제권, 공연권, 공중송신권, 전시권, 배포권, 대여권, 2차적 저작물 작성권이 있다.

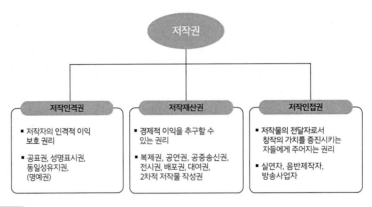

그림 2-1-7 저작권의 분류

3. 신지식재산권

신지식재산권은 과학기술이 발전하면서 사회·경제·문화가 변화하여 지금
까지의 법률 체계 속에서는 보호가 불충분한 영역이 나타나면서 발생하였다. 이
렇게 되면 결과적으로 관련 산업의 발전에도 도움이 되지 않는다. 이를 해결하기
위하여 보호 여부를 새로 논의하거나 혹은 관련 법률을 개정하기도 한다. 그리
고 특별법을 만들어 보호하기도 한다. 그런데 지금까지의 사례를 보더라도 안정
성을 중요시하는 법률과 기술의 발전에 따른 사회의 변화 속도 사이에서는 어느
정도의 간극이 발생한다. 그래서 이러한 영역을 보호할 법률이 만들어지기까지
에는 대부분 많은 시간이 소요된다.

가. 영업방법(BM: Business Method) 특허

영업방법(Business Method) 특허는 비즈니스 모델(Business Model) 특허라고도
하는데 정보통신기술의 발전에 따라 컴퓨터와 인터넷을 이용하여 구현한 새로
운 비즈니스 시스템 또는 방법발명으로 컴퓨터의 소프트웨어가 하드웨어를 통

하여 실현되는 정보처리기술 관련 발명이다. 여기서 단순한 영업방법은 자연법칙을 이용한 기술적 사상의 창작이 아니고 아이디어에 머물기 때문에 발명의 성립성에 대한 논란이 일어나게 된다. 그러나 인터넷과 정보처리기술의 발전에 따라 현실적으로는 전자상거래분야를 통한 새로운 비즈니스 영역이 나날이 발전하고 있다.

미국에서는 1998년 뮤추얼펀드의 투자관리 시스템 특허가 연방항소법원(CAFC: Court of Appeals for the Federal Circuit)의 SSB(State Street Bank & Trust Co. v Signature Financial Group Inc.) 사건에서 영업방법 특허로 처음 인정되었다.

우리나라도 1990년대 말부터 영업방법 특허를 인정하기 시작하였다. 영업방법 특허는 컴퓨터의 소프트웨어가 결국 하드웨어 상에서 구체화되기 때문에 자연법칙을 이용한 기술적 사상의 창작으로 볼 수 있기 때문이다.

그러나 무분별한 보호범위의 확대는 오히려 관련 산업의 발전에 걸림돌이 될 수도 있다. 그래서 미국에서는 영업방법 특허의 특허대상 적격성 여부를 엄밀히 판단하여 2014년 연방대법원이 Alice 판결(Alice Corp. Pty. Ltd. v. CLS Bank International 573 US 208 (2014))에서는 "Alice의 출원은 특허대상 적격성을 결여한 추상적 아이디어에 관한 것이어서 특허권을 인정할 수 없다."라고 판단하였다.

'결제 위험을 완화할 수 있는 방법'에 관한 Alice사의 영업방법 특허에 관해서 특허대상 적격에 관한 이러한 엄격한 판결은 지금까지 많은 논란을 불러일으키고 있다.

미국 특허청은 특허대상 적격성의 이러한 논란에 대하여 대중의 의견을 조사·정리한 보고서를 2022년 6월 28일 발표하고 의회에 제출하였다.

여기에는 특허대상 적격에 관한 엄격한 판단에 따라 권리남용 소송비용을 줄일 수 있어 기업의 투자가 상승할 것이라는 현재의 법리 지지층과 특허 취득 및 권리행사의 예측 가능성을 저해할 수 있어 신기술 및 스타트업 기업의 투자를 억제할 것이라는 주장이 맞서고 있다.

발명도 보호·장려하면서 기술의 발전을 촉진하여 산업발전에 이바지할 수 있는 접점을 찾는 지혜가 필요한 분야이다.

나. 데이터베이스

우리가 알고 있는 데이터의 의미는 협의적으로 정보를 작성하기 위해 필요한 자료를 뜻한다. 이러한 데이터 하나는 단순한 사실에 불과하지만 많은 양의 데이터가 모이게 되면 의미 있는 정보가 되어 특별한 가치를 갖게 된다.

특히 요즈음은 기술의 발전에 따라 빅데이터의 가치가 우리 실생활에 현저하게 영향을 미치고 있다. 우리가 상거래 활동을 하면서 결제할 때 거래 사실이 축적되면 귀중한 정보가 된다. 그런데 우리는 지금 모든 사회활동 영역에서 디지털화, 시스템화 되어서 그러한 정보를 생성하면서 살아가고 있다.

2016년 3월 9일 서울에서 바둑 최고의 인공지능 프로그램 알파고(AlphaGo)와 바둑의 최고 인간 실력자 이세돌이 바둑대결로 주목을 끌었다. 빅데이터 기반의 인공지능은 이처럼 날이 갈수록 그 중요성이 더해지고 있다.

데이터베이스에서 기술적 사상은 특허법으로 보호받을 수 있으며, 콘텐츠는 표현 방법으로서의 창작성이 있으면 저작권법으로 보호받을 수 있다.

그러나 데이터베이스의 기능에 관한 부분은 편집저작물의 창작성[1]과는 다른 부분이어서 보호범위에 대한 논란이 있을 수 있다.

다. 트레이드 드레스(Trade dress)

트레이드 드레스는 포장이나 용기, 제품 자체의 모양, 크기나 색채조합 등의 요소를 통하여 상품이나 서비스의 고유한 이미지를 나타내는 외관이나 장식을 뜻한다.

소비자가 이러한 고유한 이미지와 서비스를 오랜 기간 사용 시 상품 또는 서비스의 출처에 대한 신뢰가 쌓이게 되고 마침내 그 상품 혹은 서비스에 대한 식별력을 획득하게 된다.

우리나라에서는 2011년 4월 애플이 삼성을 상대로 미국 캘리포니아 연방지

---

1   데이터베이스 기능에 관한 보호는 저작권법 제2조(정의) 17, 18에서 편집물은 '데이터베이스를 포함한다.' 편집저작물은 '그 소재의 선택 · 배열 또는 구성에 창작성이 있는 것을 말한다.'라고 되어 있어 데이터베이스 기능에 관한 보호는 보호범위에 따른 논란이 있을 수 있다.

방법원에 제기한 소송을 통하여 트레이드 드레스에 대한 개념이 유명해지게 되었다. 애플의 아이폰은 모서리가 둥근 직사각형과 이를 둘러싼 테두리, 앞면 직사각형 모양의 화면 등에서 고유한 이미지를 갖고 있다고 주장한 것이다.

미국에서는 1989년부터 개정된 상표법에서 보호를 하고 있지만, 아직 우리나라에서는 트레이드 드레스에 대한 명문화된 보호 규정은 없다.

그러나 상표법, 디자인보호법, 부정경쟁방지 및 영업비밀보호에 관한 법률에 의해서 보호받을 수 있다.

라. 인격표지영리권(퍼블리시티권-The Right of Publicity)

인격표지영리권(퍼블리시티권-The Right of Publicity)은 사람이 **초상·성명·음성** 등 자신을 특징짓는 요소('인격표지')를 **영리적으로 이용**할 권리로서, 흔히 '퍼블리시티권'이라 불린다.[2]

초상권은 인격권에 가까운 권리로 침해여부를 판단 시 정신적 고통에 따른 위자료가 핵심 고려사항이 된다.

그러나 유명인의 경우에는 정신적 고통의 위자료보다 재산상의 손해에 따른 경제적 가치가 훨씬 크므로 초상권에 의한 배상은 한계가 있다.

즉 일반인의 경우와 달리 유명인의 경우에는 상업적인 이용으로부터 경제적인 측면에서 자신을 보호하기 위한 수단이 필요한 것이다. 통신기술과 문화산업이 발달한 현재의 사회에서는 더욱 기준이 필요한 부분이다.

입법으로 명문화하는 법률 개정을 두고 표현의 자유에 따른 찬반의 논란은 있을 수 있으나 향후 축적되는 판례를 통하여 보완해 나가면 해결될 것으로 보인다.

---

2   법무부가 2022년 12월 26일 민법개정안(민법 제3조의3(인격표지영리권)으로 명문화하여 입법 예고하였다. 향후 입법예고 기간 동안 국민들의 의견을 충분히 수렴하여 최종 개정안을 확정하고, 법제처 심사 및 차관·국무회의 등 개정 절차와 국회통과를 거쳐 공포되면 시행된다.

제2장

특허의 창출

발명의 특성과 특허제도의 이해

1. 발명의 특성

　제1부에서 창의성을 소개하면서 창의성의 본질은 **재발견**이라고 하였다. 창의성은 무에서 유를 창조하는 능력이 아니다. 무에서 유를 만들 수 있는 능력은 오직 창조주만이 발휘할 수 있으므로 인간은 창조주가 만든 자연에서 창의성을 배워야 한다고 하였다. 지혜의 왕 솔로몬도 인생 교본으로 불리는 Bible의 전도서 1장 9절을 통하여 '해 아래에 새것이 없다(There is nothing new under the sun).'함을 상기시켰다.

　우리는 지금까지 발명은 무엇인가를 새롭게 만들어 내는 것으로 이해하고 있었다. 그래서 지금까지 우리가 알고 있던 발명의 개념이 약간 혼란스러워진다. 발명이 무엇인지 잘 이해하기 위하여 아이디어와 그리고 발견과 발명의 차이점을 살펴보고자 한다.

　아이디어란 어떤 일에 대한 참신한 생각으로 아직 구체화되어 있지 않은 것으로 우리 머릿속에 머물러 있는 추상적인 상태를 말한다.

　그리고 발견은 국어사전에 '미처 찾아내지 못하였거나 아직 알려지지 아니한 사물이나 현상, 사실 따위를 찾아냄'으로 되어 있어 어디인가에는 있는 것을 찾아내는 것을 말한다.

　발명의 사전적 의미는 '아직까지 없던 기술이나 물건을 **새로 생각하여 만들어**

냄'으로 되어 있다.

특허법에서의 발명은 특허법 제2조에서 '자연법칙을 이용한 기술적 사상의 창작으로서 고도한 것'으로 정의하고 있다.

발견과 발명의 사전적 정의	• 발견 「미처 찾아내지 못하였거나 아직 알려지지 아니한 사물이나 현상, 사실 따위를 **찾아내는 것**」 • 발명 「아직까지 없던 기술이나 물건을 **새로 생각하여 만들어 냄**」
특허법 발명의 정의	• 특허법 제2조 「**자연법칙을 이용**한 기술적 사상의 창작으로서 고도한 것」

그림 2-2-1 발견과 발명의 사전적 의미와 특허법 발명의 차이점

지금의 현대 과학은 창조주가 자연 속에 만들어 놓은 섭리를 인간이 연구 노력하여 발견한 결과물이라고 생각한다. 그래서 특허법에서도 발명을 자연법칙을 이용한 것으로 전제하고 있다.

그러므로 결국 발명이라는 것은 '새로 생각하여 만들어 낸 것'도 자연 속에 감추어진 현상이나 사실을 발견하여 존재하고 있는 현상 1과 존재하고 있는 현상 2를 우리가 상상력을 통한 결합으로 새롭게 만들어 내는 것으로 볼 수 있다. 따라서 **발명은 자연 속의 발견**인 것이다.

현대 과학은 인간이 이루어 낸 수많은 발명의 터 위에서 계속 발전되어 왔다. 따라서 발명이 자연 속의 발견이라면 후대의 발명은 선대의 발명의 터 위에 이루어진 후속 발명으로 '**재발견**'이라는 의미를 갖는다.

이러한 재발견을 특허법에서는 '**자연법칙을 이용한 창작**'이라 하며 우리는 통상적으로 '새로운 창출'로 부르는 것이다.

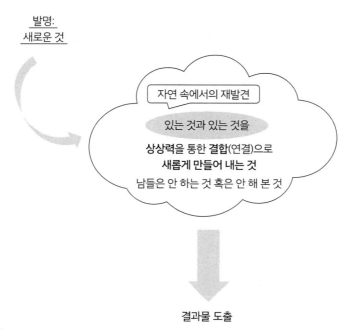

발명:
새로운 것

자연 속에서의 재발견

있는 것과 있는 것을

상상력을 통한 결합(연결)으로
새롭게 만들어 내는 것

남들은 안 하는 것 혹은 안 해 본 것

결과물 도출

그림 2-2-2 발명의 특성- 재발견

　자연법칙을 이용한 창작이 세상에 나오기까지는 인간의 생각 속에서 출발하게 되는데 이것이 우리가 부르는 아이디어라고 하는 것이다. 이러한 아이디어가 기술이라는 수단을 통하여 실현 가능성이 있는 결과물로 도출되어 세상에 공개되는 것이다.

　아이디어는 처음에 추상적인 상태에 머물러 있는 것이다. 그러나 특허법에서의 발명은 추상적인 상태에 그대로 머무르게 된다면 미완성 발명의 상태로 규정한다. 따라서 미완성 상태를 벗어나려면 구체적으로 실현 가능성이 있음을 보여 주어야 하는데, 이러한 증명이 기술이라는 수단을 통하여 구체성이 있음을 보여 주는 과정이다. 즉 구체성을 통하여 발명이 완성되는 것이다.

　구체성의 정도는 아이디어를 실현할 수 있는 가능성을 입증해서 보여 주면 되는 것이지 완벽한 제품을 만들어 보여 주어야 하는 것은 아니다.

　실현 가능성이라 함은 앞에서 언급한 자연 속에 감추어진 현상이나 사실을 발견하여 존재하고 있는 현상 1과 존재하고 있는 현상 2를 우리가 상상력을 통한 결합으로 새롭게 만들어 내는 것으로 볼 수 있는데 이것을 '기술적 사상'이라고 한다.

실현 가능성은 기술발전의 수준에 따라 달라질 수 있으므로 시대에 따라 그리고 해당 국가의 산업 발전 수준에 따라 달라질 수가 있다.

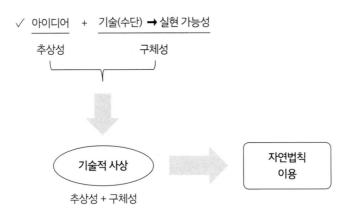

그림 2-2-3 발명의 특성 - 기술적 사상

2. 특허법의 목적

각 나라마다 특허제도를 운영하여 아이디어와 발명을 법률로 보호하는 이유는 무엇일까?

대학의 실험실이나 기업의 연구소에서 연구한 결과물이 동일한 조건만 만족한다면 반복 재현이 되어 기업의 생산 라인에서도 동일한 결과물인 제품이 생산된다. 그런데 이러한 결과물을 얻기까지는 많은 시간과 자금을 투자하여야 하며 이에 대한 노력의 결과로 얻어진 것이다. 만일 이러한 결과물이 보호받지 못한다면 어느 누구도 더 이상 연구개발에 투자하지 않을 것이며 연구개발 의욕을 상실하게 될 것이다. 이러한 불합리한 점을 방지하기 위한 제도가 특허제도이다.

특허법에서는 제1조에 특허법의 목적을 '이 법은 발명을 보호·장려하고 그 이용을 도모함으로써 기술의 발전을 촉진하여 산업발전에 이바지함을 목적으로 한다.'라고 되어 있다.

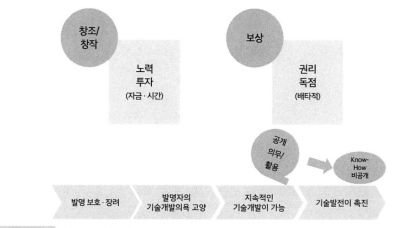

그림 2-2-4 특허법의 목적

특허 요건

특허를 받으면 독점 배타적인 권리를 부여받게 되는데, 모든 발명이 특허를 받는 것은 아니다. 특허를 받기 위해서는 일정한 요건을 갖추고 이를 만족해야 한다.

특허요건은 크게 세 가지로 나누어 주체적 요건, 실체적 요건, 절차적 요건으로 구분한다.

주체적 요건은 권리의 주체가 될 수 있는지를 판단하는 요건이다. 특허법에서는 특허 권리가 원시적으로 특허를 받을 수 있는 발명을 한 자, 즉 발명자에게 귀속한다.

실체적 요건은 개발된 발명기술이 특허를 받기 위해서 갖추어야 할 요건이다.

절차적 요건은 특허출원의 절차와 관련된 요건을 말한다.

1. 특허를 받을 수 있는 자

가. 발명자

특허를 받을 수 있는 권리는 발명을 한 사람 또는 그 승계인으로 특허법에서 정하고 있다(특허법 제33조).

발명을 한 사람을 발명자라고 하며, 발명자는 창작 행위에 현실로 가담한 자연인만을 가리키므로 법인은 발명자가 될 수 없다.[1] 발명자의 범위는 착상과 착상의 구체화로 판단한다. 즉 단순히 발명에 대한 기본적인 과제와 아이디어만을 제공하는 착상의 정도에 그치는 것이 아니라 ① 발명의 기술적 과제를 해결하기 위한 구체적인 착상을 새롭게 제시·부가·보완하거나, ② 실험 등을 통하여 새로운 착상을 구체화하거나, ③ 발명의 목적 및 효과를 달성하기 위한 구체적인 수단과 방법의 제공 또는 구체적인 조언·지도를 통하여 발명을 가능하게 한 경우 등과 같이 **기술적 사상의 창작에 실질적으로 기여하여야 한다.**[2]

나. 공동발명자

과제를 해결하기 위한 기술이 복잡해지고 다른 분야와 협업이 필요한 경우에 다수의 인력이 참여하는 프로젝트가 있을 수 있다. 이런 경우에 2인 이상이 공동으로 하나의 발명을 완성시킬 때 공동발명자라고 말한다.

여기서 발명의 과정에 참여하였으나, ① 구체적 착상을 지시하지 않고 통상적인 테마를 부여한 자, 발명의 과정에서 ② 연구자의 지시에 따라 단순히 테마를 수집한 자 또는 실험을 한 자(단순한 보조자), ③ 발명자에게 자금을 제공하거나 설비이용의 편의를 줌으로써 발명의 완성을 후원한 자(단순한 후원자, 위탁자) 등은 공동발명자가 될 수 없다.[3]

공동발명일 경우에는 특허를 받을 수 있는 권리가 공유이기 때문에 공유자 모두가 공동으로 특허출원을 하여야 한다(특허법 제44조). 이 경우에 지분 양도에 있어서도 각 공유자는 다른 공유자 모두의 동의를 얻어야만 그 지분을 양도할 수 있다.

---

1   특허법원 2003. 7. 11. 선고 2002허4811 판결
2   대법원 2011. 9. 29. 선고 2009후2463 판결, 대법원 2012. 12. 27. 선고 2011다67705,67712 판결
3   대법원 2011. 7. 28. 선고 2009다75178 판결

다. 출원인

출원인은 발명자 자신이나 발명자로부터 정당하게 권리를 승계한 자가 될 수 있다.

특허 출원인은 특허를 출원한 자를 말하며 특허 심사기간 동안에는 출원인변경신고를 통해 출원인을 변경할 수 있다.

출원인 변경 없이 특허청의 심사를 통과하여 특허권이 발생하게 되면 출원인의 지위가 그대로 특허권자가 된다. 그러나 심사 중에 출원인이 변경되었다면 특허권자는 변경된 출원인이 된다.

특허권이 등록이 된 이후에는 특허권 이전을 통해 특허권자를 변경해야 한다.

2. 실체적 요건

가. 발명의 성립성

지금까지 우리는 특허법에서의 발명은 자연법칙을 이용해야 한다는 것을 배웠다. 그러면 자연법칙이라는 것은 무엇인지를 살펴볼 필요가 있다.

자연법칙은 자연계의 모든 사물과 현상에서 반복적으로 나타나는 일정한 법칙으로 경험적인 관찰에 기초한 과학적인 일반화이다.

즉 자연계에서 경험에 의해 발견되는 원리원칙이며, 일정한 원인에 의해 일정한 결과가 생기는 인과법칙이다. 우리 인류는 물은 높은 곳에서 낮은 곳으로 흐른다는 자연법칙의 원리를 이용하여 위치에너지라는 개념의 물레방아와 댐을 만들고, 나무는 물에 뜬다는 자연법칙을 이용하여 부력의 개념으로 뗏목과 배를 만들었다.

그런데 물의 위치에너지와 부력, 이러한 자연 현상은 조건만 동일하면 시대와 지역을 불문하고 반복적으로 나타난다. 이것을 반복 재현성이라고 한다.

즉 자연법칙은 동일 조건에서 항상 반복 재현성을 나타낸다. 반복 재현성은 우리 인류의 과학을 발전시키는데 큰 역할을 하였다. 특허법 제2조에서의 발명의 정의 '자연법칙을 이용한 기술적 사상의 창작으로서 고도한 것'을 만족하는지 여부를 판단하는 것을 **'발명의 성립성'**이라고 한다. 따라서 특허법에서의 발명은 반드시 우선적으로 자연법칙을 이용해야 한다.

자연법칙을 이용하지 않은 인위적인 약속이나 혹은 자연법칙을 위배한 영구기관 등은 특허법에서의 발명으로 성립할 수 없다.

자연법칙 그 자체[4]	자연법칙의 위배[5]	자연법칙을 이용하지 않은 것
뉴턴의 만유인력 법칙	사과가 위로 날아간다.	인간의 인위적 약속(게임규칙)
아인슈타인의 $E=MC^2$	영구기관	심리적 최면술
열역학의 법칙	타임머신	자연법칙 이외의 법칙: 경제법칙, 수학공식 개인의 숙련에 의해 달성할 수 있는 기능: 악기 연주

표 2-2-1 특허법상 발명의 성립이 안 되는 것

자연 속에 존재하는 수많은 자연법칙 중에서 우리 인간이 발견하여 이를 이용하여 유익한 문명의 이기로 활용하고 있는 것이 과학이고, 발견하지 못한 현상은 우리 눈에서 기적이라고 불리게 되는 것이다.

 발명의 성립성: 위치에너지(Potential energy)

낙하하는 물체의 역학적 에너지 전환과 보존

---

4 기본 원리에 해당하여 독점권의 범위가 너무 넓게 됨
5 반복 재현이 안 됨

그림 2-2-5　물레방아(Watermill)

출처: https://commons.wikimedia.org/
by Jean-Pol GRANDMONT (CC BY)

발명의 성립성: 부력(Buoyancy)

물과 같은 유체에 잠겨 있는 물체가 중력에 반하여 밀어 올려지는 힘.
그 크기는 물체가 밀어낸 부피만큼의 유체 무게와 동일

그림 2-2-6　뗏목(Simple rafts)

출처:https://commons.wikimedia.org
by Byne.arul (CC BY-SA)

나. 산업상 이용가능성

특허법은 산업발전에 이바지함을 목적으로 하고 있다. 산업이라 하면 전통적으로 제조업만을 가리키는 것으로 출발하였으나, 이제는 제조업만이 아닌 운수·교통과 같은 서비스업까지도 포함하는 것으로 확대 되었으며, 그리고 오늘날에는 사회와 경제의 발전으로 금융·보험업 같은 분야에서의 비즈니스 모델 특허의 개념이 도입되어 실제 '산업'의 범위는 '기술적 사상'이 적용되는 모든 영역을 범위로 보는 것이 타당하다.

'이용가능성'이란 연구개발로 도출된 결과를 재현하여 반복 실시하여 산업발전에 기여할 가능성이 있으면 충분하다. 따라서 현재의 기술로 제품화까지는 안 되었더라도 '기술적 사상'으로 미래에 실시할 수 있으면 '이용가능성'이 인정된다.

개인적인 경우로만 이용되는 경우는 산업상 이용가능성이 부정된다. 그리고 대표적으로 인간을 치료하거나 수술하는 방법 등의 의료행위에 관한 발명도 산업상 이용가능성이 부정된다.

이것은 '산업'에 해당되지 않는다고 보기에는 다소 무리가 있어 보인다. 단지 인도적인 차원에서 의료행위는 인간을 대상으로 하므로 인간의 건강 증진을 위하여 누구나 자유롭게 실시하는 것이 바람직하다. 인간을 대상으로 하는 의료행위 자체는 물건을 대상으로 하는 산업과는 구별되어야 하기 때문이다.

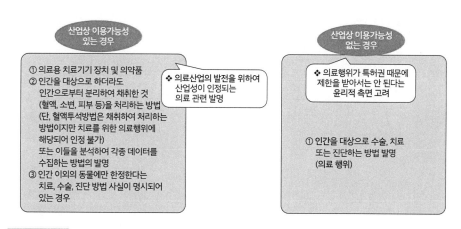

그림 2-2-7 의료업의 산업상 이용가능성

❖ 산업상 이용가능성 - 의료행위

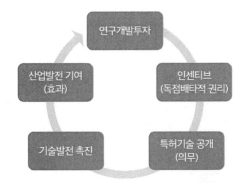

연구개발투자

인센티브
(독점배타적 권리)

특허기술 공개
(의무)

기술발전 촉진

산업발전 기여
(효과)

● 의료 발명에 대한 이슈: 특허권 허여와 윤리문제

▪ 발명의 장려와 기술개발 촉진을 위해
  지재권을 보호해야 하는지?
▪ 혹은 코로나19 백신 관련 **지식재산권을 면제**해야 하는지?
▪ 면제한다면 기간은?

  ?

▪ 코로나19 백신 관련 지식재산권을 면제해야 한다는 목소리 대두
▪ 코로나19 백신을 공공재라고 부르며 지재권 면제를 촉구
▪ 면제 기간은 "광범위한 백신 접종이 시행되고 전 세계 인구의
  대다수에게 면역이 생기기까지"

▪ 코로나19 백신을 개발한 제약사 본사가 있는 미국과 유럽연합(EU) 같은 선진국은 거세게 반대
▪ 백신 개발에 막대한 투자비가 들어감

▪ 세계무역기구(WTO)가 2021년 3월 10~11일 지식재산권협정(TRIPS) 회의에서 코로나19
  의약품과 백신에 대한 지재권 면제 논의함
▪ 공중 보건과 지재권을 둘러싼 상반된 의견이 팽팽하게 맞섬

그림 2-1-8 의료 발명 이슈-특허권
허여와 윤리문제

출처:https://commons.wikimedia.org/
wiki/File:Pandemic_photomontage_
COVID-19.png
by Lofhi (CC BY-SA)

다. 신규성

신규성이란 특허출원한 발명이 일반에 아직 알려지지 않은 기술이어야 함을 의미한다. 즉 새로운 기술을 공개하는 것이 아니면 독점권을 줄 수 없기 때문이다. 만약 새롭지 않은 기술에 독점권을 부여한다면 일반인이 공지된 기술을 자유롭게 이용할 수 없어 오히려 산업발전을 심각하게 저해하게 된다.

우리 특허법에서는 특허출원 전에 국내 또는 국외에서 ① 공지(公知)되었거나, ② 공연(公然)히 실시된 발명, ③ 반포된 간행물에 게재되었거나 전기통신회선을 통하여 공중(公衆)이 이용할 수 있는 발명을 신규성이 상실된 경우로 규정하고 있다.[6]

i) 공지된 발명은 국·내외에서 발명의 내용이 불특정 다수에게 알려지거나 알려질 수 있는 상태에 있는 것을 말한다.

ii) 공연히 실시된 발명이란 비밀유지약정 등의 제한이 없는 상태에서 양도 등의 방법으로 사용되어 불특정 다수인이 인식할 수 있는 상태에 놓인 것을 의미한다.[7]

● 특허발명에 대한 신규성 부정의 **선행기술이 공연히 실시되었는지 여부가** 쟁점이 된 사례

대법원 2022. 1. 13. 선고 2021후10732 등록무효(특) 판결

특허발명에 대한 신규성 부정의 선행기술이 공연히 실시되었는지 여부가 쟁점이 된 사건에서 특허발명 출원 전 계약에 따라 납품하여 시운전한 제품에 대하여 비밀유지의무 인정으로(실제로 비밀유지를 위한 조치가 이루어졌다고 볼 만한 정황도 엿보인다는 점을 고려함) "이 사건 특허발명 출원 전에 국내 또는 국외에서 공연히 실시된 것이 아니라고 볼 여지가 있다"고 본 판례(대법원 2012. 4. 26. 선고 2011후4011 판결 참조)

---

6   특허법 제29조(특허요건) 제1항 – 신규성 상실 발명
7   대법원 2012. 4. 26. 선고 2011후4011 판결

iii) 반포된 간행물 게재 혹은 전기통신회선을 통하여 공중이 이용할 수 있는 발명에서 반포된 간행물은 일반에게 공개를 목적으로 정보로서 유통되는 문서로 불특정 다수가 열람할 수 있는 상태에 놓인 것을 말한다.

그리고 전기통신회선이란 신뢰성과 접근성이 인정되는 공중이 이용 가능하게 되는 모든 인터넷 등의 회선을 포함한다.[8]

신규성의 판단기준은 국가와 시대에 따라 달라질 수 있다. 우리나라는 특허출원서의 청구범위에 기재된 발명과 국내·외 선행기술과의 동일성을 특허출원시를 기준으로 판단한다.

 신규성 상실의 예외 적용 (특허법 제30조)

특허법에서는 특허출원 전에 자신의 발명이 공개가 되면 원칙적으로는 신규성을 상실하게 되어 특허를 받을 수 없게 되어 있지만 우리나라 특허법에서는 아래와 같은 경우에 예외 규정을 두어 신규성을 상실하지 않은 것으로 간주한다.

i) 특허를 받을 수 있는 권리를 가진 자 스스로에 의하여 그 발명이 특허법 제29조제1항 각 호의 어느 하나에 해당하여 신규성을 상실한 경우

ii) 특허를 받을 수 있는 권리를 가진 자의 의사에 반하여 그 발명이 특허법 제29조제1항 각 호의 어느 하나에 해당하여 신규성을 상실한 경우

위의 경우에는 공지일로부터 12개월 이내에 특허출원서에 그 취지를 적어 출원하고, 이를 증명할 수 있는 서류를 특허출원일로부터 30일 이

---

8 특허법 시행령 제1조의2(전기통신회선의 범위)에서는
   1. 정부·지방자치단체, 외국의 정부·지방자치단체 또는 국제기구
   2. 「고등교육법」 제3조에 따른 국·공립학교 또는 외국의 국·공립대학
   3. 우리나라 또는 외국의 국·공립 연구기관
   4. 특허정보와 관련된 업무를 수행할 목적으로 설립된 법인으로서 특허청장이 지정하여 고시하는 법인을 시행령에서 규정하고 있다.

내에 특허청장에게 제출하면 신규성 상실의 예외 적용을 받을 수 있다.

라. 진보성

특허를 받을 수 있는 발명은 신규성이 있는 발명이어야 하는데 새로운 발명에도 수준이 있어서 완전히 새로운 것과 어느 정도 개선한 새로운 것 그리고 누구나 생각해 낼 수 있는 정도 수준의 난이도를 갖는 새로운 발명이 있다.

특허법에서는 이러한 발명의 창작 수준에 따른 난이도를 진보성이라고 한다. 만일 공지기술로부터 누구나 용이하게 발명할 수 있는 정도까지 독점권을 부여하여 제3자가 자유롭게 실시하는 것을 제한한다면 오히려 산업발전을 심각하게 저해하는 현상이 발생하게 된다.

그래서 특허법 제29조 제2항에서는 특허출원 전에 그 발명이 속하는 기술분야에서 통상의 지식을 가진 자(당업자)가 종래에 공개된 선행기술 발명에 의하여 용이하게 발명할 수 있으면 그 발명에 대해서는 특허를 받을 수 없도록 하고 있다. 특허등록을 받지 못하는 대부분의 발명은 이러한 진보성 요건이 결여되기 때문이다.

진보성은 특허로 등록받기 위하여 매우 중요한 요건인데 진보성은 ① 목적의 특이성, ② 구성의 곤란성, ③ 효과의 현저성의 3요소를 종합적으로 대비하여 판단한다.

판단의 범위는 특허출원된 발명의 청구범위와 종래에 공개된 선행기술을 대비하여 선행기술로부터 용이하게 발명할 수 있는지를 출원 시를 기준으로 판단한다.

Case Study

❖ 진보성 판단 방법

판단 실무

출원 발명:
미세먼지가 심각하게 대두되는 상황에서 공기청정기의 여과 성능을 획기적으로 높이기 위하여
여과부의 구조가 아래와 같이 형성된 공기청정기용 여과장치

선행자료1:
공기청정기의 여과장치 구조만 아래와 같이 상이하고
다른 구성은 동일한 공기청정기용 여과장치

선행자료2:
출원발명과 동일한 구조를 갖는 자동차용 여과장치

❖ 진보성 판단 방법

판단 실무

출원 발명:

신규성: 동일 여부
→ OK

진보성: 용이발명
　　　　여부

　　　→ ?

선행자료1:

선행자료2:

---

180   제II부 지식재산 - 특허의 창출·보호·경영

❖ 진보성 판단 방법

판단 실무

<설명>

목적:
여과장치에서 해결하기 위하여 일반적으로 요구되는 **목적**이나 **과제** 면에서 볼 때
서로 다른 분야의 기술 발명이라고 할 수 없고,

구성:
선행자료1의 여과장치 대신에 선행자료2의 여과장치를 사용하는 것은
구성의 곤란성에 있어서 이 **발명**이 속하는 **기술분야**에서 **통상의 지식**을 가진 사람이라면
용이하게 채택하여 **결합할 수 있는 정도**의 것이며,

효과:
선행자료1 및 2의 여과장치는 작용 · 효과면에서 서로 동일한 것이다.

그림 2-1-8   진보성 판단 방법

출처: https://commons.wikimedia.org/
눈결정:Public domain
공기청정기:Home Air Quality Guides (CC BY-SA)
낙엽: by Giovanni Ussi (CC BY-SA)
Motor Car: Public domain

마. 선원주의

특허법 제36조에서는 동일한 발명에 대하여 둘 이상의 특허출원이 경합하는
경우에는 가장 먼저 특허출원한 자만이 그 발명에 대하여 특허를 받을 수 있는
데, 이것을 선원주의(선출원주의)라고 한다. 특허는 독점배타적인 권리로 동일발
명에 대해 하나의 특허권만이 존재하기 때문이다. 이것을 '1발명 1특허의 원칙'
이라고 한다.

선출원주의에 대비되는 개념으로 선발명주의가 있다. 선발명주의는 가장 먼
저 발명한 진정한 발명자에게 특허권을 부여하는 것이다. 그러나 선발명주의에
서는 진정한 발명자를 가리는데 있어서 권리의 안정성이 훼손될 우려가 있고 기
술의 조기 공개가 지체되거나 사장될 우려가 있다.

선발명주의를 취하는 대표적인 국가가 미국이었는데 2011년 특허법을 개정
하여 미국도 선출원주의로 변경하였다(2013년 3월 16일 발효).

지금은 대부분의 국가에서 권리의 안정성과 신속한 출원 및 발명의 조기 공개를 유도할 수 있는 선출원주의를 채택하고 있다.

선출원주의에서 발명의 선·후출원을 판단할 때는 청구범위를 기준으로 판단한다.

 ## 확대된 선원주의

특허출원을 한 발명은 원칙적으로 1년 6개월이라는 일정 기간이 지나야 공개가 된다.

A라는 특허출원이 있을 경우에 그 출원한 내용이 공개가 되기 전에 동일한 내용의 발명(A 특허출원서에 최초 첨부된 명세서 또는 도면에 기재된 발명)으로 후에 B라는 특허출원이 이루어질 수 있다. 동일한 발명임에도 불구하고 A의 특허출원이 공개되기 전이어서 신규성, 진보성의 판단자료로 사용할 수 없어 이를 근거로 B의 특허출원을 거절할 수 없다. 그러나 선출원 A의 명세서 또는 도면의 공개를 조건으로 A의 공개를 출원 시점으로 소급하여 인정하여 공지된 간행물로 의제하여 판단하는 것이 '확대된 선원주의'이다(특허법 제29조 제3항).

그러나 이때 개량발명을 보호하기 위하여 A와 B의 특허출원 발명자가 동일하거나 B의 특허출원 시(양도 등에 의한 출원인 예외적용 폐단 방지) 출원인이 A와 B의 특허출원인과 동일한 경우는 '확대된 선원주의'를 적용하지 않아 특허를 받을 수 있다.

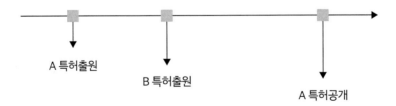

구분	선원주의 (특허법 제36조)	확대된 선원주의 (특허법 제29조 제3항)	신규성 (특허법 제29조)
발명자 출원인	동일여부와 상관없이 적용	동일하면 미적용	출원인 동일 시 공지예외
판단 대상	선·후출원의 청구범위	선출원의 최초명세서 또는 도면과 후출원의 청구범위	선출원의 공개된 발명내 용과 후출원의 청구범위
판단 범위	선·후출원의 동일성 판단	선·후출원의 동일성 판단	선·후출원의 동일성 판단

표 2-2-2　주요 특허요건의 비교

특허출원서와 특허출원 심사 절차

1. 특허출원서

특허출원서는 발명을 출원하여 특허를 받으려는 자가 특허청장에게 제출하여야 하는 문서로 특허법 제42조 제1항에 기재사항이 규정되어 있다.

특허출원서의 기재사항으로는

① 특허출원인의 성명 및 주소(법인인 경우에는 그 명칭 및 영업소의 소재지)

② 특허출원인의 대리인이 있는 경우에는 그 대리인의 성명 및 주소나 영업소의 소재지[대리인이 특허법인·특허법인(유한)인 경우에는 그 명칭, 사무소의 소재지 및 지정된 변리사의 성명]

③ 발명의 명칭

④ 발명자의 성명 및 주소 등을 기재하여 제출한다.

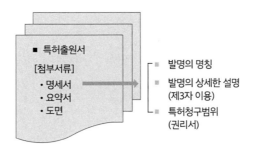

그림 2-1-10 특허출원서와 첨부서류

그리고 특허출원서에는 발명의 설명·청구범위를 적은 명세서와 필요한 도면 및 요약서를 첨부하여야 한다(특허법 제42조 제2항).

2. 특허명세서

가. 명세서의 의의

특허명세서란 특허를 받고자 하는 발명의 기술적 사상을 구체적으로 확인할 수 있도록 상세하게 기재한 서면으로 특허권의 확정으로 발명자를 보호하며 기술 내용을 일반에게 공개하는 기능을 갖는다.

명세서의 구성 내용은
① 발명의 명칭
② 도면의 간단한 설명
③ 발명의 상세한 설명
④ 특허청구범위 등으로 구성되어 있다.

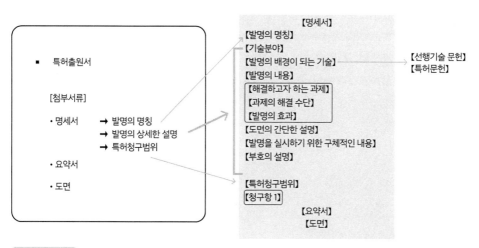

그림 2-1-11 특허명세서의 구성

나. 명세서의 역할

i) 기술문헌

명세서는 발명의 상세한 설명을 통하여 그 기술적 내용을 제3자가 이용을 도모할 수 있도록 공개하는 기술문헌으로의 역할을 한다.

ii) 권리문서

명세서는 특허청구범위를 통하여 특허발명의 보호범위를 정확히 확정하는 권리문서의 역할을 한다.

iii) 판단의 대상

명세서는 특허청이나 법원의 심사 및 심판에서 판단의 대상을 특정하는 역할을 한다.

다. 명세서의 기재 내용

i) 발명의 명칭

발명의 명칭을 통하여 발명 내용의 기본적인 분류 및 검색이 용이하도록 발명의 내용을 잘 나타낼 수 있는 간단·명료한 기재로 표시하는 것이 좋다.

ii) 발명의 상세한 설명

발명이 속하는 기술분야에서 통상의 지식을 가진 사람(통상의 기술자)이 그 발명을 쉽게 실시할 수 있도록 명확하고 상세하게 적어야 한다(특허법 제42조 제3항).

기재 내용은 아래와 같다.[9]

① 기술분야

② 발명의 배경이 되는 기술

③ 발명의 내용

　ㄱ) 해결하려는 과제

9　특허법 시행규칙 제21조 제3항(산업통상자원부령이 정하는 명세서의 발명의 설명 기재 방법)

ㄴ) 과제의 해결 수단

ㄷ) 발명의 효과

④ 도면의 간단한 설명

⑤ 발명을 실시하기 위한 구체적인 내용

⑥ 그 밖에 그 발명이 속하는 기술분야에서 통상의 지식을 가진 자가 그 발명의 내용을 쉽게 이해하기 위하여 필요한 사항

위의 기재 내용에서 ①, ③, ④, ⑥은 해당하는 사항이 없는 경우에는 그 사항을 생략할 수 있다.[10]

라. 청구범위

i) 의의

청구범위는 발명에서 보호받으려는 내용, 즉 특허권의 보호범위를 결정하는 부분으로 명세서에서 가장 중요한 부분이다.

특허법 제 97조에서 '특허발명의 보호범위는 청구범위에 적혀 있는 사항에 의하여 정하여진다.'라고 규정하고 있다.

그러므로 청구범위에 의해서 특허권자의 권리범위가 설정되고 또한 일반인에게는 자유롭게 이용하여 실시할 수 있는 기술이 무엇인지를 확인해 주는 기준이 되는 부분이다.

ii) 기재요건

발명에 대한 설명은 발명이 속하는 기술분야에서 통상의 지식을 가진 자(당업자)가 실시할 수 있도록 명확하고 상세하게 기재(특허법 제42조 제3항)하여야 하지만 청구범위는 보호받으려는 사항을 적은 청구항이 하나 이상 있어야 하며, 그 청구항은 아래의 요건(특허법 제42조 제4항)을 모두 충족하는 방법으로 작성하여야 한다.

---

10 특허법 시행규칙 제21조 제4항

① 발명의 설명에 의하여 뒷받침될 것

② 발명이 명확하고 간결하게 적혀 있을 것

특허청구범위에 보호받고자 하는 사항을 기재한 청구항이 발명의 상세한 설명에 의하여 뒷받침될 것을 규정하고 있는 것은 이는 특허출원서에 첨부된 명세서의 발명의 상세한 설명에 기재되지 아니한 사항이 청구항에 기재됨으로써 출원자가 공개하지 아니한 발명에 대하여 특허권이 부여되는 부당한 결과를 막으려는 데에 취지가 있다.[11]

청구항이 명확하고 간결하게 기재되어 있지 않으면 일반 공중이 실시하고자 하는 기술이 청구항의 권리범위에 속하는지 아닌지를 가리기가 어렵게 된다.

아래와 같은 경우는 발명이 명확하고 간결하게 기재되지 않은 유형들이다.

- 기재내용이 불명확한 경우

    (예, 비교기준 불명확: 높은/무거운, 지시대상 불명확, 문법적 오류 등)

- 발명의 구성을 불명확하게 하는 임의부가적, 선택적 표현의 경우

    (예, 필요에 따라, 특히 등)

- 각 구성 요소의 단순한 나열뿐, 그 결합관계가 기재되어 있지 않은 경우

- 발명의 카테고리가 불명확한 경우

iii) 기재형태

특허청구범위의 청구항마다 발명의 권리가 존재하는데 발명의 기술적 사상을 다면적으로 보호하기 위하여 우리나라는 1발명(1發明)에 대하여 복수항의 특허청구 범위를 기재하여 특허출원 할 수 있는 다항제를 1980년부터 채택하여 운영하고 있다(특허법 제42조 제4항).

- 청구항은 독립항과 종속항으로 구분하여 기재한다.

- 독립항은 청구항을 인용하지 않고 독립된 형식으로 기재한다.

- 독립항은 발명의 내용을 광범위하게 기재하여 보호의 범위를 넓힌다.

- 종속항은 독립항 또는 다른 종속항을 인용하여 기재한다.

---

11 대법원 2014. 9. 4. 선고 2012후832 판결

- 종속항은 인용하는 독립항 또는 종속항의 내용을 더욱 한정하거나 부가하여 구체화한다.

iv) 청구범위 제출 유예제도

특허출원 시 명세서에 청구범위를 적지 않고 출원할 수 있도록 일정기간 유예해 주는 제도이다.

이 경우 명세서에 청구범위는 적지 아니할 수 있으나 발명의 설명은 적어야 한다(특허법 제42조의2 제1항).

특허출원 시 청구범위를 적지 아니한 경우에는 출원일로부터 1년 2개월이 되는 날까지 명세서에 청구범위를 적는 보정을 하여야 한다. 만약 보정을 하지 아니한 경우에는 그 다음 날에 해당 특허출원을 취하한 것으로 본다.

마. 도면

출원인은 발명을 보다 잘 설명하는 데 필요한 경우에 도면을 첨부하여 명세서의 보조 자료로 활용할 수 있다(특허법 제42조 제2항).

그러나 도면은 설계도면과 같이 상세할 필요는 없다.

발명의 효과를 표현하기 위하여 필수적인 조직표본의 현미경 사진, 특수섬유 등의 직조상태를 설명하기 위한 이미지 등과 같이 발명의 내용을 표현하기 위하여 불가피한 경우에 사진을 사용할 수 있다.

특허출원서에서는 도면을 필요한 경우에 한하여 첨부하나 실용신안등록출원에서는 고안의 형상 설명을 위하여 필수적으로 제출하여야 한다(실용신안법 제8조 제2항).

바. 요약서

요약서는 일반 공중이 출원발명의 내용을 쉽게 활용할 수 있도록 기술정보로서의 용도로 사용하는 것으로 특허발명의 보호범위를 정하는 데에는 사용할 수 없다(특허법 제43조).

3. 특허출원 심사

'구슬이 서 말이라도 꿰어야 보배'라는 속담이 있다. 아무리 좋은 아이디어와 발명이 있다 하더라도 특허출원 관련 절차를 통하여 특허로 등록을 받아 놓아야 쓸모 있게 활용할 수 있다.

발명이 특허로 등록을 받기 위해서는 어떠한 절차를 거쳐야 하는지 알아보아야 하는데 특허를 출원하는 목적에 따라 이에 맞는 전략을 수립하고 최적의 절차를 진행하는 것이 효과적이다.

특허출원 목적	관련 절차와 제도
단순 마켓 홍보용	등록 불필요- 심사청구 제도
방어용 특허출원	타인의 권리화 방지- 출원 공개 제도
시장의 불확실성 환경하에서 권리 확보 준비	시장의 반응에 따른 사업화 시점에서 심사 청구 여부 검토
적극적(공격적) 권리 활용	우선심사/조기공개 제도

표 2-2-3 특허출원 목적과 관련 제도

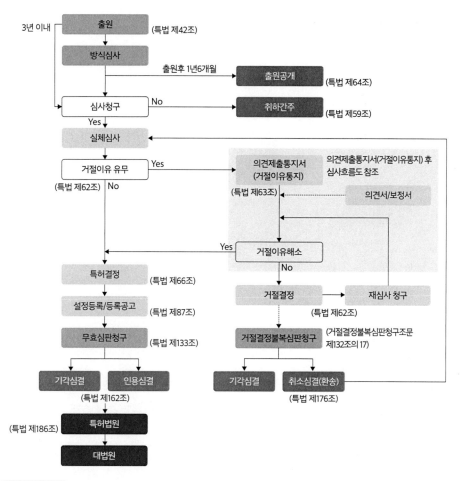

그림 2-1-12 특허출원 및 심사 절차

출처: 특허청 https://www.kipo.go.kr/ko/
kpoContentView.do?menuCd=SCD0200111

가. 방식심사

제출된 서류의 기재방식 및 첨부 서류, 기간의 준수 여부, 수수료 납부 여부
등 절차상의 흠결을 점검하는 심사이다.

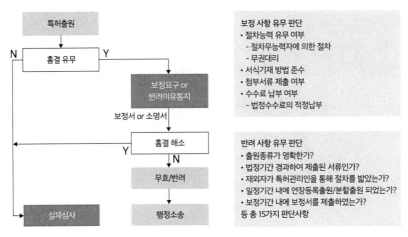

그림 2-1-13 방식심사 절차　　　　출처: 특허청 https://www.kipo.go.kr/ko/
　　　　　　　　　　　　　　　　　　　　kpoContentView.do?menuCd=SCD0200111

나. 출원공개

출원 계속 중인 모든 건은 국방상 비밀을 요하는 내용의 경우와 공공의 질서를 해할 염려 등의 예외적인 경우를 제하고는 출원일로부터 1년 6개월을 경과한 때 공보를 통하여 일반에 공개된다.

다만 절차적으로 공개 전에 이미 등록공고된 출원 건, 무효, 취하, 거절결정된 출원 건은 공개되지 않는다.

출원공개의 효과로는 특허출원인은 출원공개가 있은 후 그 특허출원된 발명을 업으로서 실시한 자에게 특허출원된 발명임을 서면으로 경고할 수 있다(특허법 제65조 제1항).

만일 출원공개된 발명임을 알고 그 특허출원된 발명을 업으로 실시하면, 그 경고를 받거나 출원공개된 발명임을 알았을 때부터 특허권의 설정등록을 할 때까지의 기간 동안 그 특허발명의 실시에 대하여 합리적으로 받을 수 있는 금액에 상당하는 보상금의 지급을 청구할 수 있다(특허법 제65조 제2항).

이러한 보상금 지급 청구권의 행사는 그 특허출원된 발명에 대한 특허권이 설정등록된 후에만 행사할 수 있다(특허법 제65조 제3항).

또한 출원이 공개된 그 출원은 선행기술 자료로서 타인의 특허출원에 대하여 권리화를 방지하는 효과도 갖는다.

다. 심사청구

우리나라는 심사주의를 채택하고 있어 특허가 출원되면 방식심사와 출원 공개를 거쳐 실체심사를 진행하게 되는데 출원된 모든 건에 대하여 실체심사를 진행하는 것은 아니다.

심사업무를 경감하기 위하여 모든 출원을 심사하는 대신 출원인이 심사를 청구한 출원에 대해서만 청구 순서에 따라 심사를 진행한다(특허법 제59조 제1항).

심사청구는 출원인은 물론 누구든지 특허출원에 대하여 특허출원일부터 3년 이내에 특허청장에게 출원심사의 청구를 할 수 있다(특허법 제59조 제2항).

일단 심사청구를 한 후에는 절차적 낭비와 법적 안정성을 위해 심사청구를 취하할 수 없다(특허법 제59조 제4항).

또한 심사청구를 할 수 있는 기간 내에 심사청구가 없으면 그 특허출원은 취하한 것으로 본다(특허법 제59조 제5항).

라. 보정제도

선출원주의 하에서는 선출원의 지위 확보가 매우 중요하기 때문에 출원인은 서둘러 특허출원을 진행하게 된다.

이러한 이유 때문에 출원 후에 미비한 점이 발견될 수 있는데, 이를 치유하는 절차를 보정이라고 한다.

보정은 특허에 관한 절차와 방식을 위반하여 행해지는 '절차의 보정'과 특허출원서 및 첨부한 명세서의 기재내용에 대한 흠결을 치유하는 '특허출원의 보정'으로 구분할 수 있다.

보정은 적법하게 이루어진 경우, 그 효력을 출원 시까지 소급하여 인정하는 제도이기 때문에 보정에 대한 내용과 시기를 엄격히 제한하고 있다.

 보정의 시기

보정의 시기는 ① 특허결정 등본을 송달받기 전의 자진보정기간과(특허법 제47조 제1항) ② 거절이유통지에 따른 의견서 제출 기간 이내(특허법 제47조 제1항 1, 2) ③ 그리고 재심사 청구 시의 거절결정등본 송달받은 날부터 30일 이내에만 가능하다(특허법 제47조 제1항 3).

 보정의 범위

보정의 범위는 특허출원서에 최초로 첨부된 명세서와 도면에 기재된 사항의 범위를 벗어나지 않는 범위 내에서 보정할 수 있다(특허법 제47조 제2항). 즉 신규사항에 대한 추가가 금지된다.

마. 우선권 주장

우선권 주장이란 일정한 요건을 갖춘 후출원의 경우에 이를 선출원의 출원일로 소급하여 인정해 줄 것을 주장할 수 있는 권리이다.

우선권 주장에는 국제 조약에 의한 우선권 주장(특허법 제54조)과 국내에서 특허출원을 기초로 한 우선권 주장(특허법 제55조)이 있다.

 국제 조약에 의한 우선권 주장

국제 조약에 의한 우선권 주장은 국가를 달리하는 출원에 있어서 제1국에 특허출원한 날부터 1년 이내(우선권 주장 기간)에 동일한 발명을 우선권을 주장하여 제2국에 특허출원할 경우에 그 출원일을 특허요건(특허법

제29조, 제36조)의 판단에 있어서 제1국의 출원일자로 소급하여 인정해 주는 것이다. 그러나 이때 특허요건(신규성, 진보성, 선출원)이 아닌 심사청구기간 혹은 특허권의 존속기간의 기산 등은 제2국의 특허출원일(후출원일)을 기준으로 한다.

국제 조약에 의한 우선권 주장은 파리조약의 협약에 의거한 것인데 파리조약의 기본원칙은 아래와 같다.

① 파리조약 가입국에서 내국민과 동일한 대우를 받으며(내국민 대우), ② 국가를 달리하는 동일 출원에 있어서 제1국에 특허출원한 날을 기준으로 우선권을 인정하여 등록요건을 판단하며(우선권 주장), ③ 특허권의 효력은 권리가 설정된 국가에 한해 독립적으로 발생한다(속지주의).

🔍 국내 우선권 주장

국내에서 특허출원을 기초로 한 우선권 주장은 선출원이 있은 후 개량발명을 후출원할 때 우선권을 주장하는 경우 특허요건 등의 판단에 있어서 선출원일에 출원한 것으로 인정해 주는 것이다.

즉 선출원(A발명 특허출원) 후 1년 이내에 개량발명을 후출원(A발명+추가 a발명)하면서 국내 우선권을 주장하면 A발명은 선출원일에 출원한 것으로 인정되고 추가된 a 발명은 국내 우선권 주장 출원일에 출원된 것으로 인정된다. 이때 국내 우선권 주장의 기초가 된 선출원은 그 출원일부터 1년 3개월이 지난 때에 취하된 것으로 본다(특허법 제56조 제1항).

바. 분할출원

분할출원은 2 이상의 발명을 하나의 특허출원으로 한 경우에 그 발명 일부를 별개의 특허출원으로 분할하는 것이다(특허법 제52조).

i) 분할출원을 할 수 있는 시기

① 특허법 제47조(특허출원의 보정) 제1항에 따라 보정을 할 수 있는 기간

② 특허거절결정등본을 송달받은 날부터 3개월 이내의 기간

③ 특허법 제66조에 따른 특허결정 또는 제176조제1항에 따른 특허거절결정 취소심결(특허등록을 결정한 심결에 한정하되, 재심심결을 포함한다)의 등본을 송달받은 날부터 3개월 이내의 기간

ii) 분할출원의 범위와 출원일

위의 분할출원은 원출원의 출원서에 최초로 첨부된 명세서 또는 도면에 기재된 사항의 범위 안에서 이루어져야 하며 이때 그 분할출원은 원출원한 때에 출원한 것으로 본다.

사. 변경출원

변경출원은 특허출원과 실용신안등록출원 상호간에 출원의 형식만 변경하는 것이다(특허법 제53조, 실용신안법 제10조).

변경출원을 하기 위해서는 원출원이 특허청에 계류 중이어야 하며, 원출원서에 최초로 첨부된 명세서 또는 도면에 기재된 사항의 범위 안에서 이루어져야 한다.

적법한 변경출원은 원출원한 때에 출원한 것으로 보며, 변경출원이 있는 경우에 원출원은 취하된 것으로 본다.

제3장 _____

특허의 보호

특허권이란?

1. 특허권의 존속기간

가. 존속기간

특허권은 발명을 보호하고 장려하기 위하여 일정 기간 동안만 독점배타적인 권리로 보호하는데 특허권의 존속기간은 특허권을 설정등록한 날부터 특허출원일 후 20년이 되는 날까지로 한다(특허법 제88조 제1항).

정당한 권리자의 특허출원이 특허된 경우에 특허권의 존속기간은 무권리자의 특허출원일의 다음 날부터 기산한다.

나. 존속기간의 연장

i) 허가 등에 따른 특허권의 존속기간의 연장

특허발명을 실시하기 위하여 다른 법령에 따라 허가를 받거나 등록 등을 하여야 하고, 그 허가 또는 등록 등을 위하여 필요한 유효성·안전성 등의 시험으로 인하여 장기간이 소요되는 발명인 경우에는 그것으로 인해 실시할 수 없었던 기간에 대하여 최대 '5년의 기간까지' 그 특허권의 존속기간을 한 차례만 연장할 수 있다(특허법 제89조 제1항).

그러나 실시할 수 없었던 책임의 사유가 허가 등을 받은 자에게 있을 경우에는 존속기간의 연장이 인정되지 않는다.

ii) 등록지연에 따른 특허권의 존속기간의 연장

특허출원에 대하여 특허출원일부터 4년과 출원심사 청구일부터 3년 중 늦은 날보다 지연되어 특허권의 설정등록이 이루어지는 경우에는 '그 지연된 기간만큼' 해당 특허권의 존속기간을 연장할 수 있다(특허법 제92조의2 제1항).

2. 특허권의 효력

특허권자는 업으로서 특허발명을 실시할 권리를 독점한다. 다만, 그 특허권에 관하여 전용실시권을 설정하였을 때에는 전용실시권자가 설정된 범위 안에서 그 특허발명을 실시할 권리를 독점한다(특허법 제94조 제1항).

여기서 '업으로서'의 실시는 사업적인 실시로 개인적으로 실시하는 것은 제외하는 해석이 일반적 견해이다.

가. 특허권의 효력 제한

i) 특허권의 효력이 미치지 아니하는 범위(특허법 제96조)

아래의 어느 하나에 해당할 시는 특허권의 효력이 미치지 않는다.

① 연구 또는 시험을 하기 위한 특허발명의 실시

② 국내를 통과하는데 불과한 선박·항공기·차량 또는 이에 사용되는 기계·기구·장치, 그 밖의 물건

③ 특허출원을 한 때부터 국내에 있는 물건

④ 둘 이상의 의약[사람의 질병의 진단·경감·치료·처치(處置) 또는 예방을 위하여 사용되는 물건]이 혼합되어 제조되는 의약의 발명 또는 의약을 제조하는 방법의 발명에 관한 「약사법」에 따른 조제행위와 그 조제에 의한 의약

ii) 타인의 특허발명 등과의 관계(특허법 제98조)

자신의 특허출원일 전에 출원된 타인의 산업재산권(특허권·실용신안권·디자인권·상표권)을 이용하거나 저촉되는 경우에는 그 특허권자·실용신안권자·디자인권자 또는 상표권자의 허락을 받지 아니하고는 자기의 특허발명을 업으로서 실시할 수 없다.

ii) 특허법에 규정된 조항과 요건에 해당하는 법정실시권에 의한 통상실시권

① 선사용에 의한 통상실시권(특허법 제103조)

특허출원 시에 그 특허출원된 발명의 내용을 알지 못하고 먼저 사업으로 그 발명을 실시하거나 이를 준비하고 있는 자는 그 특허출원된 발명의 특허권에 대하여 통상실시권을 가진다.

② 무효심판청구 등록 전의 실시에 의한 통상실시권(특허법 제104조)

자기의 특허발명이 무효사유에 해당하는 것을 알지 못하고 국내에서 그 발명의 실시사업을 하거나 이를 준비하고 있는 경우에는 그 실시하거나 준비하고 있는 발명 및 사업목적의 범위에서 그 특허권에 대하여 통상실시권을 가진다. 이때 통상실시권을 가진 자는 특허권자에게 상당한 대가를 지급하여야 한다.

③ 디자인권의 존속기간 만료 후의 통상실시권(특허법 제105조)

특허출원일 전 출원되어 등록된 디자인권이 그 특허권과 저촉되는 경우 그 디자인권의 존속기간이 만료될 때에는 그 디자인권자는 그 디자인권의 범위에서 그 특허권에 대하여 통상실시권을 가진다. 이때 통상실시권을 가진 자는 특허권자에게 상당한 대가를 지급하여야 한다.

④ 재심에 의하여 회복한 특허권에 대한 선사용자의 통상실시권(특허법 제182조)

재심청구 등록 전에 국내에서 선의로 그 발명의 실시사업을 하고 있는 자 또는 그 사업을 준비하고 있는 자는 실시하고 있거나 준비하고 있는 발명 및 사업목적의 범위에서 그 특허권에 관하여 통상실시권을 가진다.

⑤ 재심에 의하여 통상실시권을 상실한 원권리자의 통상실시권(특허법 제183조)

재심청구 등록 전에 선의로 국내에서 그 발명의 실시사업을 하고 있는 자 또는 그 사업을 준비하고 있는 자는 원(原)통상실시권의 사업목적 및 발명의 범위에서 그 특허권에 대하여 통상실시권을 가진다. 이때 통상실시권을 가진 자는 특허권자에게 상당한 대가를 지급하여야 한다.

⑥ 질권행사 등으로 인한 특허권의 이전에 따른 통상실시권(특허법 제122조)

특허권자는 특허권을 목적으로 하는 질권설정 이전에 그 특허발명을 실시하고 있는 경우에는 그 특허권이 경매 등에 의하여 이전되더라도 그 특허발명에 대하여 통상실시권을 가진다. 이 경우 특허권자는 경매 등에 의하여 특허권을 이전받은 자에게 상당한 대가를 지급하여야 한다.

나. 특허의 실시권

실시권이란 특허권자가 제3자에게 업으로서 그 특허발명을 설정범위 내에서 실시할 수 있도록 허락하는 권리이다.

특허권의 실시는 전용실시권과 통상실시권으로 나누어진다.

i) 전용실시권

전용실시권자는 설정행위로 정한 범위에서 그 특허발명을 업으로서 실시할 권리를 독점하며(특허법 제100조), 특허청에 설정등록을 하여야 효력이 발생한다.

전용실시권은 특허권자도 전용실시권자의 허락 없이는 그 발명을 실시할 수 없는 물권적 권리이다. 따라서 보통은 전용실시권을 설정할 때 시간이나 지역 또는 내용에 있어서 일정한 제한을 가하여 허락하는 것이 일반적이다.

그리고 전용실시권의 이전(실시사업(實施事業)과 함께 이전하는 경우, 상속이나 그 밖의 일반승계의 경우는 제외)과 질권의 설정, 통상실시권 허락에는 특허권자의 동의가 있어야 한다.

ii) 통상실시권

통상실시권은 법에 따라 또는 설정행위로 정한 범위에서 특허발명을 업으로서 실시할 수 있는 권리를 말한다(특허법 제102조).

통상실시권은 실시권의 발생 원인을 기준으로 나누어 볼 수 있다. 일반적으로는 ① 특허권의 권리를 갖고 있는 권리자와 그 특허발명을 실시하고자 하는 실시자의 당사자 사이에서 설정한 약정에 의하여 발생하는 '계약에 의한 통상실시권'과 ② 특허법이나 혹은 발명진흥법 등의 관련법에 의하여 규정된 요건에 해당하는 경우에 발생하는 '법정실시에 의한 통상실시권' ③ 그리고 배타적 독점권에 내재된 위험에 대한 안정장치의 일종으로서 공익적 목적을 위하여 실시할 필요가 있다고 인정되는 경우에 발생하는 '강제실시에 의한 통상실시권'으로 구분된다.

통상실시권은 특허권자가 여러 명에게 실시권을 허여할 수 있어 채권적 성질을 갖는 상대적 권리로 독점배타적으로 실시할 수 있어 물권적 성질을 갖는 전용실시권과는 다르다.

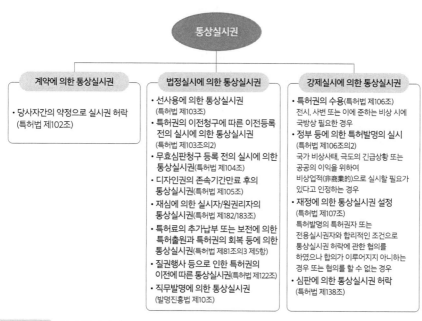

그림 2-3-1 통상실시권의 구분

다. 특허권의 이전·양도·공유

일반적으로 권리의 변동이라 함은 권리가 새롭게 발생하거나 중간에 변경되거나 마지막에 소멸하는 일련의 과정을 말한다.

특허권은 이전이 가능한 권리이다(특허법 제99조 제1항). 특허권의 이전이란 권리의 동일성을 유지하면서 권리 주체가 변경되는 것을 말한다.

특허권을 유상으로 이전하는 경우에 '일부양도'와 '전부양도'로 구분할 수 있다. 일부양도의 경우에는 권리의 일부, 즉 '지분'을 이전해 주는 것으로 양도인과 양수인이 공유자의 지위를 갖게 된다.

특허법은 특허권이 공유인 때에 지분을 양도하고자 할 경우에는 각 공유자는 상대방 모든 공유자의 동의를 받도록 규정하고 있다.

지분을 목적으로 하는 질권을 설정하거나 전용실시권 설정과 통상실시권 허락의 경우에도 동일하게 각 공유자는 상대방 모든 공유자의 동의를 받아야 한다(특허법 제99조 제2항, 제4항).

그러나 공유인 그 특허발명을 자신이 실시하려고 하는 경우에는 계약으로 특별히 약정한 경우를 제외하고는 다른 공유자의 동의를 받지 아니하고 실시할 수 있다(특허법 제99조 제3항).

3. 특허권의 소멸

특허권의 소멸은 유효하게 발생한 특허권리가 장래를 향하여 효력을 상실하거나 처음부터 소급 적용하여 상실되는 것을 말한다.

특허권이 소멸되면 그 발명을 제3자가 자유롭게 사용할 수 있어 산업발전에 이바지할 수 있게 된다.

가. 장래를 향해 소멸하는 경우

i) 존속기간 만료

특허권은 설정등록한 날부터 특허출원일 후 20년(연장된 경우 최장 25년)이 되는 날까지 존속하며(특허법 제88조) 그 이후는 존속기간이 만료되어 소멸한다.

ii) 특허권의 포기

특허권의 포기는 특허권자가 자신의 의사에 의하여 권리를 소멸시키는 것을 말한다. 그러나 특허권에 실시권이나 질권이 설정되어 있어서 이해관계인이 있는 경우에는 그들이 불이익을 당하지 않도록 그들로부터 모두 동의를 받아야 특허권을 포기할 수 있다(특허법 제119조).

그러나 특허권이 공유인 경우에는 각 공유자는 다른 공유자의 동의 없이도 자기의 지분을 포기할 수 있다. 왜냐하면 포기자의 지분이 다른 공유자들에게 그 지분의 비율로 귀속되어 다른 공유자의 이익을 해치지 않기 때문이다.

또한 특허권을 포기할 때 청구범위가 2 이상인 경우에는 청구항별로 특허권을 포기할 수 있다(특허법 제215조의2).

iii) 특허료 불납

소정 기간 이내에 특허료를 납부하지 않은 경우에 해당되는 기간이 끝나는 날의 다음 날로 소급하여 특허권자의 특허권은 소멸된 것으로 본다(특허법 제81조 제3항).

iv) 상속인 부존재

일반적으로 상속인이 없는 경우에 상속재산은 국가에 귀속한다(민법 제1058조). 그러나 특허권의 경우에는 상속이 개시된 때 상속인이 없는 경우에 그 특허권은 소멸된다(특허법 제124조). 이는 국가에 귀속하는 것보다는 제3자가 자유롭게 이용하여 산업발전에 기여하는 것이 정책상 더 유리하기 때문이다.

그러나 특허권이 공유인 경우와 혹은 실시권자, 일반채권자 등이 있을 경우에는 소멸하지 않고 다른 공유자에게 각 지분의 비율로 귀속하거나 실시권자 등을 보호하기 위한 범위 내에서 존속한다.

나. 소급 적용하여 소멸하는 경우

 특허의 무효

특허의 무효심판에 의하여 특허를 무효로 한다는 심결이 확정된 경우에는 그 특허권은 처음부터 소급하여 없었던 것으로 본다(특허법 제133조 제3항).

특허권의 권리범위

1. 특허발명의 보호범위

특허발명의 보호범위는 제2장 제3절의 '청구범위'에서 설명한 바와 같이 청구범위에 적혀 있는 사항에 의하여 정하여진다(특허법 제97조).

 특허 청구범위에서 용어의 개념에 따른 보호범위

상위개념 〉 하위개념
입력장치 〉 키보드, 전자펜
탄성부재 〉 판스프링, 용수철
표시부 〉 LCD, LED, OLED

 특허 청구범위에서 구성 요소의 기재 수에 따른 보호범위

or형 - 단수 결합 〉 and 형 - 복수 결합
A 또는 B로 구성된 결합물 〉 A 와 B로 구성된 결합물

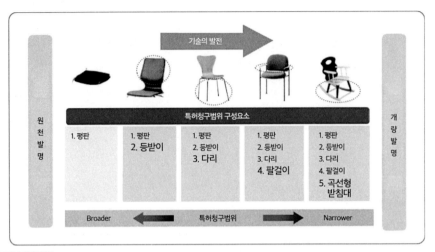

그림 2-3-2 특허 청구범위의 구성 요소와 권리범위 　　출처: 특허청, 지식재산의 이해, 박문각,
　　　　　　　　　　　　　　　　　　　　　　　　　　　p.137 사례 참조하여 재구성

개량발명의 경우에는 선행기술이 많아 구조적이고 기능적인 차별점
을 부각시키기 위해서 구성 요소가 많아질 수밖에 없는데 청구범위의 구
성 요소(element)가 많을수록 권리범위는 좁아진다.

2. 특허청구범위의 해석

특허발명은 기술적 사상이므로 특허청구범위에서 추상적인 부분의 권리를
정확히 해석하여 권리범위를 판단하는 것은 매우 중요한 부분이지만 쉬운 과정
이 아니다.

권리범위의 해석을 위한 몇 가지 판단 기준이 있는데 이를 살펴보고자 한다.

가. 특허청구범위 기준의 원칙

특허청구범위를 해석하는 데 있어서 필수불가결한 구성 요소의 결합관계가
기재되어 있는 청구범위에 기재된 사항을 기준으로 해석하는 원칙이다.

나. 발명의 상세한 설명 참작의 원칙

특허발명의 보호범위는 특허청구범위를 기준으로 판단하지만 특허청구범위는 명세서에 기재된 사항 중 보호받고자 하는 권리 범위를 기재한 것이므로 보호범위를 판단함에 있어 상세한 설명을 참작하여 해석하는 원칙이다.

다. 출원경과 참작의 원칙

출원 과정 중에서 등록을 받기 위하여 출원인과 심사관 사이에서 발명의 내용이나 특징을 명확히 하게 되는데 이때 출원인이 주장한 내용이나 또는 특허청의 심사관이 주장한 견해를 참작하여 특허발명의 보호범위를 판단하는 원칙이다.

3. 특허침해

특허권자는 업으로서 특허발명을 실시할 권리를 독점한다(특허법 제94조 제1항). 따라서 특허권의 독점적인 권리를 특허권자의 허락없이 타인이 업으로서 위법하게 실시하면 침해에 해당한다.

'업'으로서의 실시란 영업적인 실시를 말한다. 개인적인 사용이나 연구목적의 사용은 침해에 해당하지 않는다.

'실시'란 아래와 같은 행위를 말한다(특허법 제2조 제3호).

① 물건의 발명인 경우: 그 물건을 생산·사용·양도·대여 또는 수입하거나 그 물건의 양도 또는 대여의 청약(양도 또는 대여를 위한 전시를 포함)을 하는 행위

② 방법의 발명인 경우: 그 방법을 사용하는 행위 또는 그 방법의 사용을 청약하는 행위

③ 물건을 생산하는 방법의 발명인 경우: ②의 행위 외에 그 방법에 의하여 생산한 물건을 사용·양도·대여 또는 수입하거나 그 물건의 양도 또는 대여의 청약을 하는 행위

물건을 생산하는 방법의 발명에 관하여 특허가 된 경우에 그 물건과 동일한 물건은 그 특허된 방법에 의하여 생산된 것으로 추정한다. 다만, 그 물건이 '특허출원 전에 국내에서 공지되었거나 공연히 실시된 물건'이거나 혹은 '특허출원 전에 국내 또는 국외에서 반포된 간행물에 게재되었거나 전기통신회선을 통하여 공중이 이용할 수 있는 물건'에 해당하는 경우에는 그렇지 않다(특허법 제129조).

특허침해는 직접침해와 간접침해로 나눌 수 있다.

가. 직접침해

특허발명의 보호범위는 청구범위에 적혀 있는 사항에 의하여 정하여지므로 직접침해는 청구범위에 기재된 내용을 그대로 포함하여 실시하는 경우를 말한다.

직접침해에는 다시 **문언적 침해**와 **균등침해**로 나누어 구분할 수 있다.

문언적 침해를 판단하는 기준으로는 구성 요소 완비의 원칙이 있다.

문언적 침해 – 구성 요소 완비의 원칙 (All Element Rule)

복수의 구성 요소를 갖고 실시하는 경우에 특허침해를 판단함에 있어서 청구범위에 기재된 구성 요소 전부를 실시하는 경우만을 침해로 인정한다는 원칙이다.

➤ 특허권과 제품 - 침해 여부 판단 비교

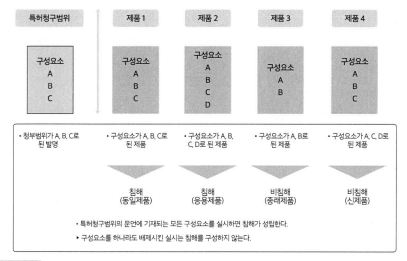

 그림 2-3-3 구성 요소 완비의 원칙에 의한 침해 여부 판단

균등침해 – 균등론(Doctrine of Equivalents)

균등론이란 청구범위를 문언적으로만 해석하기 보다는 합리적인 균등범위까지 확대하여 발명의 본질을 판단하고 해석하여 특허권자를 보호하기 위한 이론이다.

특허청구범위의 구성 요소 중 일부를, 침해를 회피하려고 균등 관계에 있는 다른 구성 요소로 변경(치환)하여 실시한 경우에 침해로 인정하는 것이다.

균등론을 적용하기 위한 요건으로는 확인대상발명에서 특허발명의 구성 요소 중 일부를 변경(치환)하더라도

① 양 발명에서 과제의 해결원리가 동일하고

② 변경에 의하더라도 특허발명에서와 실질적으로 동일한 작용효과를 나타내며

③ 변경하는 것이 그 발명이 속하는 기술분야에서 통상의 지식을 가진

자(통상의 기술자)라면 누구나 용이하게 생각해 낼 수 있는 정도라면 균등론이 적용된다.[1]

다만 ① 확인대상 발명이 특허발명의 출원 시 이미 공지된 기술과 동일한 기술 또는 통상의 기술자가 공지기술로부터 용이하게 발명할 수 있었던 기술에 의한 것이거나,

② 특허발명의 출원절차를 통하여 확인대상 발명의 치환된 구성이 특허청구범위로부터 의식적으로 제외된 것에 해당하는 경우에는 균등론의 적용이 배제된다.[2]

 금반언의 원칙 (Estoppel)

출원인이 선행기술로 인하여 공지된 기술내용으로 거절이유를 받고 이를 해소하기 위하여 청구범위에서 공지기술과 중복된 내용을 제하고 축소하여 청구범위를 보정한 경우에, 특허권이 등록된 후 권리행사를 위하여 권리범위를 균등론에 의하여 다시 확대 해석하는 것은 허용될 수 없다는 원칙이다.

이러한 금반언의 원칙에 의하여 특허권자를 보호하기 위한 균등론을 일정 부분 제한하여 공공의 이익을 도모하는 균형을 이루게 된다.

나. 간접침해

간접침해는 현재는 침해에 이르지 않았으나 향후 물건의 생산과 방법의 실시로 인해 침해에 이를 수 있도록 유도하는 예비적 행위를 간접침해라고 한다.

특허법에서는 특허권자 혹은 전용실시권자의 허락없이 업으로서 아래와 같이 물건을 생산하거나 방법을 실시하는 경우에 간접침해 한 것으로 간주한다(특허법 제127조).

---

1   대법원 2014. 7. 24. 선고 2012후1132 판결
2   대법원 2011. 9. 29. 선고 2010다65818 판결

① **특허가 물건의 발명인 경우:** 그 물건의 **생산에만** 사용하는 물건을 생산·양
  도·대여 또는 수입하거나 그 물건의 양도 또는 대여의 청약을 하는 행위
② **특허가 방법의 발명인 경우:** 그 방법의 **실시에만** 사용하는 물건을 생산·양
  도·대여 또는 수입하거나 그 물건의 양도 또는 대여의 청약을 하는 행위
  즉 물건의 생산과 방법의 실시에 있어서 특정하게 '~에만'에 해당하는 행위
에 이를 때 간접침해가 성립한다.

 간접침해 대법원 판례

등록번호: 75746 (1994년 7월 27일 등록)

화상기록장치

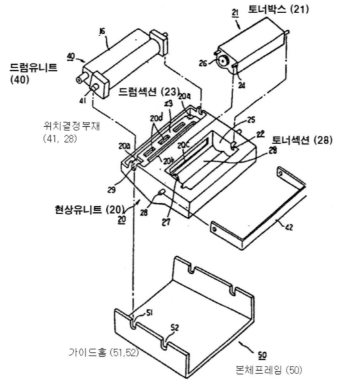

그림 2-3-4 화상기록장치 발명의 요부 사시도

청구범위:

　① 소모품인 **감광드럼유니트**(40), **토너박스**(21), **현상유니트**(20)를 별도
　　로 가지며 +

　② 현상유니트(20) 위에 감광드럼유니트(40)가 수납되는 **드럼섹션**(23)
　　과 토너박스(21)가 착탈 가능한 **토너섹션**(28)을 가지도록 구성

판결 사항:

　특허발명의 대상이거나 그와 관련된 물건을 사용함에 따라 마모되거
나 소진되어 자주 교체해 주어야 하는 소모부품일지라도, 특허발명의 본
질적인 구성 요소에 해당하고 다른 용도로는 사용되지 아니하며 일반적
으로 널리 쉽게 구할 수 없는 물품으로서 당해 발명에 관한 물건의 구입
시에 이미 그러한 교체가 예정되어 있었고 특허권자측에 의하여 그러한
부품을 따로 제조·판매하고 있다면, 그러한 물건은 특허권의 간접침해
에서 말하는 '특허 물건의 생산**에만** 사용하는 물건'에 해당한다.

　레이저 프린터에 사용되는 소모부품인 토너 카트리지가 '특허 물건의
생산**에만** 사용하는 물건'에 해당한다고 보아, 특허권을 침해한 것이라고
본 판결 사례이다.[3]

3　대법원 1996. 11. 27. 96마365 결정

특허심판 및 특허소송

특허심판이란 산업재산권의 발생·변경·소멸 및 그 권리범위에 관한 분쟁을 해결하기 위하여 특허청 소속 특허심판원에 의하여 심리 및 결정하는 특별한 행정심판을 말한다. 이러한 특허심판은 사실상 제1심 법원의 역할을 수행하고 있다.

이와는 별도로 특허침해소송(침해금지청구, 손해배상, 신용회복 등)은 일반법원(서울중앙, 대전, 대구, 부산, 광주 등 전국 5개 지방법원이 1심 담당)에서 담당하고 있다.

1. 특허심판

가. 특허심판의 유형과 종류

특허심판은 유형에 따라 아래 표와 같이 나눌 수 있다.

심판 유형		심판 종류
결정계 심판	특허청장을 상대로 처분에 불복하거나 정정을 제기하는 심판	• 거절결정불복심판 • 정정심판
당사자계 심판	권리와 관련하여 청구인과 피청구인이 당사자로서 분쟁	• 무효심판 • 권리범위확인심판 • 통상실시권허여심판

표 2-3-1   특허심판의 유형과 종류

i) 거절결정불복심판

특허거절결정 또는 특허권의 존속기간의 연장등록거절결정을 받은 자가 결정에 불복할 때에는 그 결정등본을 송달받은 날부터 3개월 이내에 심판을 청구할 수 있다(특허법 제132조의 17).

ii) 정정심판

① 특허권자는 특허청구범위의 감축, 잘못 기재된 사항의 정정, 분명하지 아니하게 기재된 사항을 명확하게 하는 경우 정정심판을 청구할 수 있다(특허법 제136조 제1항).

② 정정은 청구범위를 실질적으로 확장하거나 변경할 수 없다(특허법 제136조 제4항).

③ 정정은 정정 후의 청구범위에 적혀 있는 사항이 특허출원을 하였을 때에 특허를 받을 수 있는 것이어야 한다(특허법 제 136조 제5항).

iii) 무효심판

① 이해관계인 또는 심사관은 특허가 법으로 규정된 무효사유를 이유로 무효심판을 청구할 수 있다. 이 경우 청구범위의 청구항이 둘 이상인 경우에는 청구항마다 청구할 수 있다(특허법 제133조 제1항).

② 특허권이 소멸된 후에도 청구할 수 있다(특허법 제133조 제2항).

③ 특허를 무효로 한다는 심결이 확정된 경우에는 그 특허권은 처음부터 없었던 것으로 본다(특허법 제133조 제3항).

iv) 권리범위확인심판

① 적극적 권리범위확인심판

특허권자 또는 전용실시권자가 자신의 특허발명의 보호범위를 확인하기 위하여 특허권의 권리범위 확인을 청구하는 심판(특허법 제135조 제1항)

② 소극적 권리범위확인심판

이해관계인이 타인의 특허발명의 보호범위를 확인하기 위하여 특허권의 권

리범위 확인을 청구하는 심판(특허법 제135조 제2항)

③ 특허권의 권리범위 확인심판을 청구하는 경우에 청구범위의 청구항이 둘 이상인 경우에는 청구항마다 청구할 수 있다(특허법 제135조 제3항).

나. 특허심판의 절차

i) 심판의 청구

심판을 청구하고자 하는 자는 심판청구서를 특허심판원장에게 제출한다(특허법 제140조 제1항).

ii) 심판부의 구성

① 심판은 3인 또는 5인의 심판관의 합의체가 행하며, 합의는 과반수에 의하여 결정하고 합의는 공개하지 않는다(특허법 제146조).

② 특허심판원장은 심판관 중 1인을 심판장으로 지정하여 사무를 총괄하게 한다(특허법 제145조).

iii) 심리

① 심리는 심판관이 사실 관계 및 법률 관계를 명확히 하기 위하여 변론의 청취나 증거조사를 심판기관이 직접 하는 것을 말한다.

② 구술심리 또는 서면심리로 하며, 당사자가 구술심리를 신청한 때에는 서면심리만으로 결정할 수 있다고 인정되는 경우 외에는 구술심리를 하여야 한다(특허법 제154조 제1항).

③ 심판의 직권진행 - 심판장은 당사자 또는 참가인이 법정기간 또는 지정기간에 절차를 밟지 아니하거나 제154조 제4항에 따른 기일에 출석하지 아니하여도 심판을 진행할 수 있다(특허법 제158조).

iv) 심판의 종료

① 취하

심판청구의 취하란 심판청구인이 청구한 심판의 전부 또는 일부를 철회

하는 행위를 말하며, 심결이 확정될 때까지 취하할 수 있다. 단, 상대방(피청구인)으로부터 답변서 제출이 있는 때에는 상대방의 동의를 얻어야 한다(특허법 제161조 제1항).

취하가 있으면 그 심판청구 또는 그 청구항에 대한 심판청구는 처음부터 없었던 것으로 본다(특허법 제161조 제3항).

② 심결

심판사건을 해결하기 위하여 심판관 합의체가 행하는 최종적인 판단이다.

- 인용심결 : 심판청구의 취지를 인용하는 심결
- 기각심결 : 본안심리결과 심판청구의 취지를 배척하는 심결
- 심결각하 : 부적법한 심판청구로서 그 흠결을 보정할 수 없는 때에는 피청구인에게 답변서 제출기회를 주지 아니하고 심결로써 각하할 수 있다(특허법 제142조).
- 결정각하 : 보정명령을 받은 자가 지정된 기간 이내에 보정을 하지 아니한 경우에는 심판장은 결정으로 심판청구서를 각하한다(특허법 제141조 제2항).

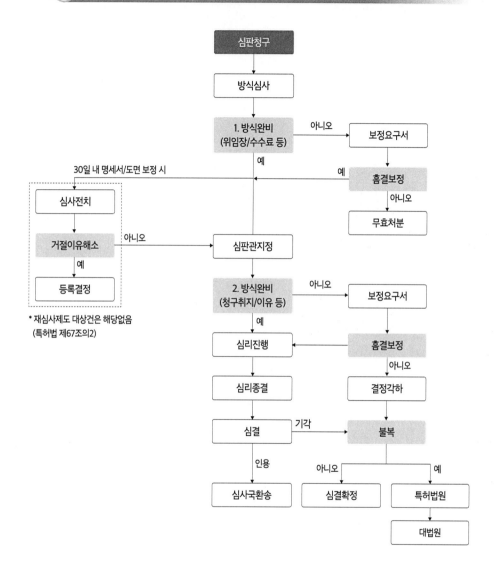

4 특허심판원 홈페이지 결정계 사건 - 거절결정불복심판
   https://www.kipo.go.kr/ipt/iptContentView.do?menuCd=SCD0400072

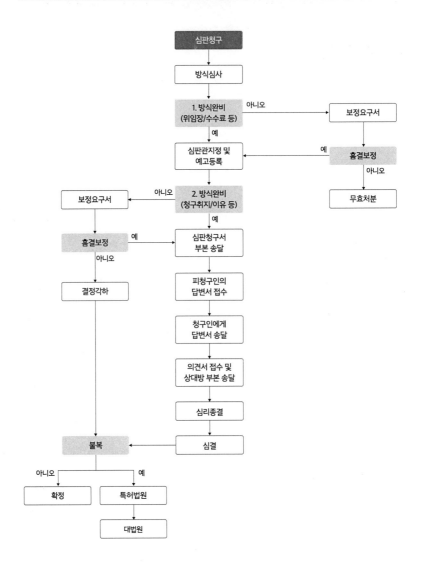

5 특허심판원 홈페이지 당사자계 사건
https://www.kipo.go.kr/ipt/iptContentView.do?menuCd=SCD0400072

2. 특허소송

가. 민사소송

특허소송에는 주요 유형으로 특허심판원의 심결에 대하여 특허법원에 청구하는 **심결취소소송**과 침해소송에 대하여 지방법원(고등법원 소재지의 5개 지방법원-서울중앙, 대전, 대구, 부산, 광주지방법원)에 청구하는 **특허침해 금지 청구 소송**과 **손해배상 청구 소송**이 있다.

이를 그림으로 나타내면 아래와 같이 정리할 수 있다.

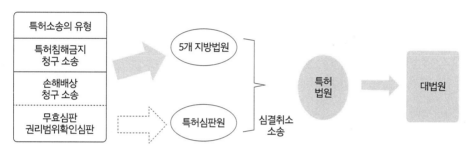

그림 2-3-5 특허소송의 진행절차

i) 특허침해금지 청구 소송

특허권자 또는 전용실시권자가 자기의 권리를 침해한 자 또는 침해할 우려가 있는 자에 대하여 그 침해의 금지 또는 예방을 청구하는 소송이다.

침해행위를 조성한 물건(물건을 생산하는 방법의 발명인 경우에는 침해행위로 생긴 물건을 포함)의 폐기, 침해행위에 제공된 설비의 제거, 그 밖에 침해의 예방에 필요한 행위를 청구할 수 있다(특허법 제126조).

ii) 특허침해금지 가처분

침해 여부를 확정하는 침해금지 본안 소송에 많은 시간이 소요되어 현상의 진행을 그대로 방치한다면 특허권자가 현저한 손해를 입거나 목적을 달성하기 어려운 경우가 발생할 수 있으므로 그러한 경우에 대비하여 잠정적으로 임시의 조치를 행하는 소송이다. 가처분 신청은 본안 소송의 승소 가능성 및 공익을 고려하여 엄격한 결정을 내린다.

iii) 손해배상 청구 소송

특허권자 또는 전용실시권자가 고의 또는 과실로 자기의 특허권 또는 전용실시권을 침해한 자에 대하여 침해로 인하여 입은 손해의 배상을 청구하는 소송이다(특허법 제128조).

나. 형사소송

특허권자는 특허권 또는 전용실시권을 침해한 자에 대하여 공소(公訴)를 제기하여 형사소송법에 따른 구제를 받을 수 있다.

특허침해죄는 친고죄(親告罪)로 피해자의 명시적인 의사에 반하여 공소(公訴)를 제기할 수 없다.

특허권 또는 전용실시권을 침해한 자는 7년 이하의 징역 또는 1억원 이하의 벌금에 처한다(특허법 제225조).

직무발명제도

1. 직무발명이란?

'직무발명'이란 종업원, 법인의 임원 또는 공무원이 그 직무에 관하여 발명한 것이 성질상 사용자·법인 또는 국가나 지방자치단체의 업무 범위에 속하고 그 발명을 하게 된 행위가 종업원 등의 현재 또는 과거의 직무에 속하는 발명을 말한다(발명진흥법 제2조 제2호).

가. 직무발명의 의의

사용자는 연구개발 투자와 시설을 제공하고 종업원은 이를 활용하여 창의적인 노력을 기울여 우수한 발명을 창출하게 된다.

기업이 종업원의 우수한 발명을 사업화에 활용하여 이익증대로 연결하고, 종업원이 한 발명을 정당하게 보상함으로써 종업원의 연구의욕을 고취시키며 연구개발 재투자를 이어 나간다면 기업은 결국 지속적으로 발전할 수 있게 된다.

직무발명제도는 이러한 연구개발의 선순환 시스템을 구축하기 위하여 마련한 제도이다.

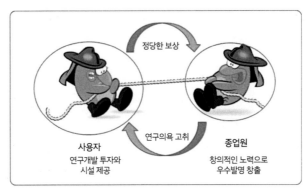

정당한 보상

연구의욕 고취

사용자
연구개발 투자와
시설 제공

종업원
창의적인 노력으로
우수발명 창출

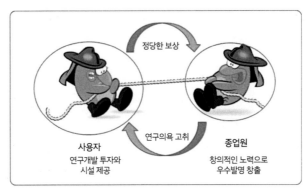

그림 2-3-6 직무발명의 의의   출처: https://commons.wikimedia.org/wiki/File:Penguins_
dispute를 참조하여 재구성, by Mimooh (CC BY-SA)

나. 직무발명과 자유발명

직무발명이란 현재 근무하고 있는 회사의 과거 또는 현재의 직무에 해당하는 발명을 말한다. 따라서 회사의 업무범위에는 속하지만 종업원의 직무에는 속하지 않는 발명은 직무발명이 아니다. 이러한 발명을 자유발명이라고 하며 종업원이 권리를 가진다.

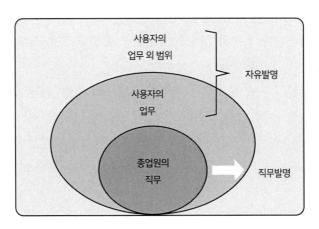

사용자의
업무 외 범위

자유발명

사용자의
업무

종업원의
직무

직무발명

그림 2-3-7 직무발명과 자유발명

2. 직무발명의 요건

직무발명이 성립되려면 발명이 아래의 요건들을 모두 만족해야 한다.

① 종업원 등(법인의 임원 또는 공무원 포함)이 발명자인 발명

종업원이란 고용관계에 의하여 사용자의 실질적인 지휘감독 하에 있으면 비상근이라도 근무형태를 불문하며 또한 촉탁이나 임시직원도 포함하는 개념이다.

② 사용자 등(법인 또는 국가나 지방자치단체 포함)의 업무범위에 속하는 발명

성질상 사용자·법인 또는 국가나 지방자치단체의 업무범위에 속하는 발명이어야 한다. 법인의 정관이나 실제적인 사업 내용을 중심으로 사업 목적을 달성하기 위한 관련 부대사업까지 포함한다.

③ 종업원 등의 현재 또는 과거의 직무에 속하는 발명

종업원의 현재 직무뿐만 아니라 과거의 직무에 속하는 것도 포함된다. 종업원이 회사에 재직하고 있을 때 발명을 완성하였다면, 퇴직 후에 그 발명을 출원하였더라도 이는 직무발명에 해당한다.

3. 직무발명의 법적 권리 및 의무

직무발명에 대하여 사용자와 종업원 사이에 사전에 '직원이 직무와 관련한 발명을 할 경우에 승계 하겠다.'는 취지의 예약승계에 대한 규정이 존재하느냐 여부에 따라 발명에 대한 권리의 의사 결정권이 달라진다. 사전에 예약승계 규정이 있으면 발명에 대한 권리의 의사 결정을 사용자가 하게 되고, 사전 예약승계 규정이 없으면 종업원이 발명에 대한 권리의 의사 결정을 하게 된다.

사전 승계규정이 있는 경우에 사용자와 종업원은 다음과 같이 발명에 대한 권리와 의무 관계를 갖게 된다.

구분		종업원	사용자
의무		특허를 받을 수 있는 원초적 권리 (발명자- 특허법 제33조) → **발명의 완성 사실 신고 의무** (발명진흥법 제12조)	예약승계권 → **4개월내 승계 여부 통지** (발명진흥법 시행령 제7조)
권리	승계	정당한 보상을 받을 권리 (발명진흥법 제15조)	특허를 받을 수 있는 권리 (승계인- 특허법 제33조)
	불승계	특허의 소유권	무상의 통상실시권

표 2-3-2 종업원과 사용자의 의무·권리 관계

4. 직무발명 보상

종업원등은 직무발명에 대하여 특허 등을 받을 수 있는 권리나 특허권 등을 계약이나 근무규정에 따라 사용자등에게 승계하게 하거나 전용실시권을 설정한 경우에는 정당한 보상을 받을 권리를 가진다(발명진흥법 제15조).

정당한 보상이 되기 위해서는

① 사용자등은 보상에 대하여 보상형태와 보상액을 결정하기 위한 기준, 지급방법 등이 명시된 보상규정을 작성하고 종업원등에게 서면으로 알려야 한다.

② 보상규정의 작성 또는 변경에 관하여 종업원등과 협의하여야 한다. 만일, 보상규정을 종업원등에게 불리하게 변경하는 경우에는 해당 계약 또는 규정의 적용을 받는 종업원등의 과반수의 동의를 받아야 한다.

③ 보상을 받을 종업원등에게 보상규정에 따라 결정된 보상액 등 보상의 구체적 사항을 서면으로 알려야 한다.

④ 보상액은 직무발명에 의하여 사용자등이 얻을 이익과 그 발명의 완성에 사용자등과 종업원등이 공헌한 정도를 고려하여 정해야 한다.

이러한 보상규정 체계를 따라 종업원등에게 보상한 경우에 정당한 보상을 한 것으로 본다.

 직무발명 보상의 종류

기업에서는 발명의 질적 향상을 도모하고 기술개발 분위기를 조성하기 위하여 직무발명 보상금 제도를 활용한다.

일반적으로 직무발명 보상의 종류에는 발명의 창출 단계에서 받는 출원보상과 등록보상, 발명의 활용단계에서 받게 되는 실적보상과 처분보상이 있는데 발명의 내용을 등급별로 평가하거나 기여도에 따라 보상을 한다.

실적보상은 발명이 자사 제품에 적용되어 제품의 경쟁력을 높여 매출 등에 기여한 경우 매출액에 따라 일정 비율을 보상받게 되는 제품적용 실적보상과 특허분쟁의 협상과정에서 자사 특허가 활용되어 이익 실현 시 받게 되는 실적보상이 있다. 이익 실현으로 받게 되는 실적보상은 종종 산정기준을 두고 사용자와 종업원 사이에서 견해 차이로 문제가 발생한다. 제품적용 보상은 통상 특허 존속기간 중 1회에 한하여 기업이 보상하므로 매출의 기여도가 가장 높을 때 신청하여 보상받는다.

처분보상은 권리를 양도하여 받는 보상으로 제품을 생산하고 판매하는 활동으로 이익을 창출하는 대기업에서는 순수한 처분보상은 실무적으로 거의 발생하지 않는다.

특허정보 분석 및 아이디어 개발 전략

1. 특허정보 분석의 필요성과 종류

기업은 급격하게 변화하는 Global 환경 속에서 살아남기 위하여 매순간마다 치열한 경쟁을 벌이며 나아간다.

얼마 전에는 우리나라 대기업이 스마트폰 사업 부문에서 철수를 발표하였다. 잘나가던 핸드폰 사업에서 스마트폰으로 넘어오는 시기에 새로운 기술에 대한 트렌드를 읽지 못하고 사업에 대한 의사 결정을 잘못하여 뼈아픈 결과로 이어진 사례이다. 원래는 핸드폰 단말기 사업에 대한 최강자는 핀란드의 노키아이었다. 그러나 노키아도 어느 날 핸드폰 단말기 사업에서 소리없이 사라졌다.

일반적으로 기업의 평균 수명이 30년을 못 넘긴다고 한다. 이를 극복하고 장수기업으로 살아남기 위해서는 기술에 대한 트렌드를 예측하고 경영전략을 수립하여 사업 다각화를 통한 끊임없는 혁신과 노력이 필요하다.

기업의 경영을 성공적으로 수행하기 위해서는 각 부문의 사업에서 사업전략을 수립한다. 그리고 각 사업은 이를 뒷받침하기 위한 R&D 기술전략을 수립하게 된다.

기업은 R&D 기술전략에 따라 미래 먹거리를 찾아 기술력을 확보하기 위하여 연구개발에 많은 투자와 시간을 들이는데 이러한 연구개발의 결과가 무용지물이 되지 않기 위해서는 반드시 이에 맞는 특허전략 수립이 필요하다.

특허정보 분석은 경영·기술·특허전략 수립의 이러한 모든 일련의 과정에서

의사결정을 하는데 가장 기본이 되는 필수적 과정이며 필요한 자료이다.

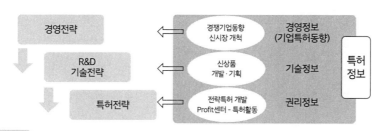

그림 2-3-8 특허정보 분석 개념도

2. 특허정보 분석 프로세스

제품개발에 따라 특허정보의 검색과 분석이 이루어진다. 제품개발 초기 단계에서는 주로 특허정보 검색을 바탕으로 한 양적 측면의 통계분석을 위주로 진행하여 개략적인 현황과 동향을 분석한다.

이후에 수집된 데이터를 특허정보 분석 목적에 맞게 가공하여 2차 통계분석과 핵심특허에 대한 심층분석을 진행하여 그 분석결과를 토대로 맞춤형 특허전략을 수립할 수 있다.

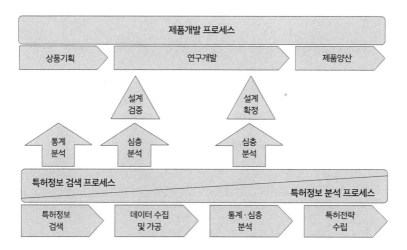

그림 2-3-9 제품개발에 따른 특허정보 검색·분석 프로세스

3. 특허정보 분석 활용

일반적으로 공격적 특허 활동에서는 상대방의 대응 전력을 낭비하며 소모시키기 위한 전략을 구사한다.

이를 위해 대부분 상대방이 검토해야 할 대상 특허를 다량으로 보내온다. 이에 대한 대응의 첫 단계는 특허정보의 통계 분석에서 출발하게 된다.

실제로 필자가 공격적 특허활동 분쟁 협상 현장에서 경험한 사례들에서는

첫 번째 검토해야 하는 대상 특허를 다량으로 살포하며,

두 번째 회신해야 하는 검토 기일을 촉박하게 요구하고,

세 번째 경고장을 수신하는 부서를 영업과 같은 특허전문 부서가 아닌 곳으로 보내어 내부의 의견 대립을 키우게 하는 등의 전술로 상대방의 실수와 혼선을 유도하는 사례들을 다수 경험하였다.

 IBM과 국내 PC업체의 분쟁 – 통계 분석

1980년대 후반 국내 PC업체들이 가격 경쟁력을 무기로 시장에서 선전하자 위기감을 느낀 IBM이 국내 기업 7개 업체(LG전자, 현대전자, 효성컴퓨터 등)를 상대로 IBM 특허 160여 건에 대한 특허침해를 주장하며 보상을 요구 하였다.

그러나 그 당시 IBM 특허를 기초 분석한 결과 국내에 등록된 특허는 통계적으로 1건에 불과하였다.

IBM이 PC에 관련된 원천특허를 많이 보유하고 있는 것은 사실이나 그러나 국내에는 특허 1건 만이 등록되어 있는 사실을 토대로 기업들이 협상 테이블에서 IBM의 특허 공격에 대하여 정확하게 대응함으로 필요 이상의 로열티 지불을 막고 국가별 해외 수출의 방향도 수립할 수 있었다.

　　기업들은 종종 특정 사업의 비즈니스 경쟁력을 확보하기 위하여 특허 포트폴리오를 구축하기 위한 유용한 특허의 매입을 추진한다.

　　매입 대상 기술 분야가 선정되면 해당 분야의 특허 포트폴리오를 구축하기 위하여 ① 그 기술 분야를 주도하고 있는 기업의 핵심특허를 특허정보 분석 활동을 통하여 파악하게 된다. ② 이와 함께 그 핵심특허에 상응하는 타사의 관련 특허들도 파악하여 ③ 해당 기술에 대한 특허 경쟁력을 심층적으로 비교 분석한 후에 매입 대상 특허를 발굴하게 된다.

　　LG전자는 Wang사로부터 PCI Bus 관련 특허를 매입하여 PC 관련 사업의 특허 포트폴리오를 구축하였다. 이를 바탕으로 세계 노트북 PC 생산을 주도하고 있는 대만의 퀀타사, 오수스텍사 등을 2001년 5월 특허 침해로 미국 연방지방법원에 제소하고 IBM사와도 크로스라이선스를 체결함으로써 지식재산을 경영하는 특허활동을 적극적으로 전개하였다.

　　특허정보 분석 활동을 통하여 매입한 특허로 로열티 수익을 창출하는 Profit 센터로서의 역할을 보여준 것이다.

4. 아이디어 개발 전략

　　지금까지 **창의적인 아이디어 발상**을 위한 **사고도구 기법**과 그 아이디어를 **보호**받고 **활용**하기 위한 **특허제도**를 소개하였다.

　　그리고 독점배타적인 권리로 보호받아온 발명들이 데이터로 축적되어 있는 정보의 보고인 수많은 특허정보를 검색하고 분석하는 과정도 소개하였다.

　　이제부터는 제안된 아이디어를 특허정보를 활용하여 아이디어 개발을 완성하는 과정을 소개하고자 한다.

　　특허정보를 활용하여 아이디어 개발을 완성하는 것은 두 가지 방법이 있다. 선행 특허정보가 아이디어와 **동일한 자료**인 경우에는 당연히 **회피 아이디어를 개**

발하여야 하며 유사한 자료의 경우에는 그 자료를 활용하여 자신의 아이디어에 대한 완성도를 높이는 **응용 아이디어를 개발**하는 것이다.

이것을 아래의 그림으로 설명할 수 있을 것이다.

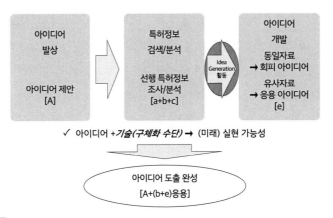

✓ 아이디어 +*기술(구체화 수단)* → (미래) 실현 가능성

 그림 2-3-10 특허정보를 활용한 아이디어 개발

회피 아이디어 개발 사례

일본의 코나미사는 댄스 게임기인 DDR(Dance Dance Revolution)을 개발하여 전 세계적으로 선풍적인 인기를 끌었다. 그러나 특허를 출원하면서 권리범위를 발로 밟는 버튼의 배치를 '+' 형태로 한정적으로 기재하였다.

이에 한국의 안다미로사는 발로 밟는 버튼의 형상이 'x' 형태로 출시하여 일본 코나미사의 특허를 회피하면서 사업적으로도 크게 성공하였다.

선행 특허들이 심사 과정에서 등록을 받기 위하여 권리 범위를 축소하게 되는 경우가 많으므로, 심사 파일 히스토리(File History) 등의 특허 정보 분석을 통하여 선행 특허의 권리 범위를 확인해 보면 실제로 권리 범위 축소과정에서 발생한 제한 때문에 회피 아이디어 개발이 가능한 경

우가 많다.[6]

이처럼 선행 특허정보를 활용한 회피 아이디어 개발도 훌륭한 아이디어 개발 전략의 하나가 될 수 있다.

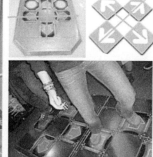

 DDR 회피 아이디어 개발 사례   출처: https://commons.wikimedia.org/w/index.ph
p?search=ddr&title=Special:MediaSearch&go=Go
&type=image
by Poiuyt Man (CC BY-SA), by RadioActive~enwiki
(CC BY-SA), by Daiz (CC BY-SA), by AvantaR
(CC BY-SA)

응용 아이디어 개발 사례

종래 기술의 문제점을 특허정보를 활용한 Idea Generation 활동을 통하여 개선된 아이디어를 도출하는 전략이다.

종래에는 캠코더의 뷰파인더(view finder)가 일체형으로 본체에 고정되어 있어서 영상을 촬영하는데 상당히 제한을 받고 촬영할 수밖에 없었다.

이렇게 불편한 점을 개선하기 위하여 뷰파인더를 고정형에서 회전형으로 개선한 제품이 나왔으나 이것도 마찬가지로 회전만으로는 안 되는 촬영 환경에서는 여전히 불편을 감수하며 촬영하여야 했다.

---

6 특허청·한국발명진흥회, 이공계를 위한 특허의 이해(2), 박문각, 2012, p.104

L사는 카메라의 삼각지지대가 착탈식인 점에 착안하여 이와 관련한 특허정보를 입수하여 분석한 후 이를 토대로 Idea Generation 워크숍 활동을 하였다. 워크숍을 통해 도출한 응용 아이디어를 제품에 적용하여 종래기술의 문제점을 해결하였다.[7]

그림 2-3-12 뷰파인더 응용 아이디어 개발 사례   출처: https://commons.wikimedia.org Bela (CC BY-SA), Troy Sankey (CC BY-SA)

---

7   특허청·한국발명진흥회, 위의 책, p.105

제4장

지식재산 경영

지식재산을 활용한 경영 전략

1. Profit 센터 조직

기업에는 여러 부문의 조직이 있어 서로 기능과 역할을 분담하면서 이윤을 극대화하기 위하여 최선을 다한다. 사업을 실질적으로 실행하는 부문과 이를 지원하는 지원 부문으로 크게 나눌 수 있다. 지원 부문은 대부분 비용을 발생시키는 부서이다.

대기업의 특허부문 조직을 살펴보면 시대에 따라 그 기능이 어떻게 변해 왔는지 알 수 있다.

필자가 근무하였던 ㈜금성사의 특허 조직은 초창기에 특허과(課)단위로 출발하여 특허부(部) 단위로 승격하면서 외형적 확장을 하였다. 이후에 특허가 지식재산이라는 개념으로 확대되면서 부서 명칭도 '지식재산경영'이라는 명칭으로 변경되었다. 즉 지식재산을 활용하여 경영함으로 이윤을 창출하는 조직인 Profit 센터의 역할을 담당하겠다는 의지의 표현이다.

위와 같이 조직의 위상이 설정되면 그에 따라 Mission이 바뀌고 전략과 실행 계획이 수립된다. 이제는 대기업의 특허부문 조직에서 '공격적 특허 활동'을 어렵지 않게 찾아 볼 수 있는 시대가 되었다. 즉 지식재산이 돈이 되는 시대이기 때문이다.

지금은 기업의 인수·합병(M&A)에서도 반드시 지식재산에 대한 실사를 실시하여 그 기업이 갖고 있는 브랜드와 특허 등 무형자산에 대한 가치평가를 진행한다.

대학에서도 이제는 연구개발의 성과를 평가하는 지표로 논문뿐만 아니라 지식재산 창출과 기술이전 사업화 항목을 더 중요하게 평가하여 지식재산에 대한 시각의 변화를 보여주고 있다.

시장 경제 원리는 독점을 규제하고 자유로운 상호 경쟁을 통하여 소비자를 보호한다. 그러나 이러한 환경 하에서 기업이 합법적으로 독점력을 유지하며 경쟁자를 배제시켜 기업의 경쟁력을 높일 수 있는 무기가 있으니 이것이 바로 지식재산권이다. 이윤을 창출해야 하는 기업이 지식재산을 중요한 경영자원의 하나로 인식하고 '지식재산을 활용한 경영 전략'을 필수로 여기게 되는 이유이다.

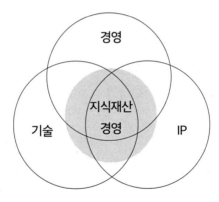

그림 2-4-1 지식재산 경영-Profit 센터

2. 지식재산의 기술가치 평가

가. 기술가치 평가 의의

「기술의 이전 및 사업화 촉진에 관한 법률」(약칭 기술이전법 제2조 제4호)에서 '기술평가'를 '사업화를 통하여 발생할 수 있는 기술의 경제적 가치를 가액(價

額)·등급 또는 점수 등으로 표현하는 것'으로 정의하고 있다.

또한 가치평가의 대상이 되는 '기술'은 ① 「특허법」 등 관련 법률에 따라 등록 또는 출원(出願)된 특허, 실용신안(實用新案), 디자인, 반도체집적회로의 배치설계 및 소프트웨어 등 지식재산과 ② 지식재산의 기술이 집적된 자본재(資本財) ③ 지식재산과 자본재에 관한 정보 ④ 이전 및 사업화가 가능한 기술적·과학적 또는 산업적 노하우를 말하는 것(기술이전법 제2조 제1호)으로 되어 있다.

위에서 언급한 기술은 무형자산의 일종으로 전통적 금융자산의 평가와는 달라 그 가치를 정확히 평가하기가 사실은 매우 어렵다. 왜냐하면 기술은 시간과 환경에 따라 변화하는 상대적 가치를 지니며 어떠한 목적과 용도로 활용할 것인지에 따라서도 평가 결과가 달라질 수 있기 때문이다.

그럼에도 불구하고 지식정보화 사회에서는 기술거래, 기술투자 및 융자, 기업인수합병(M&A) 등의 지식집약 산업 활동이 활발히 진행되고 있기 때문에 기술가치 평가는 더욱 필요하며 중요하게 되었다.

이에 따라 기술가치 평가의 신뢰성을 높이기 위한 다양하고 효과적인 방법론의 개발 노력이 필요한 상황이다.

나. 기술가치 평가 요소

지식재산의 기술가치를 평가하기 위한 항목은 크게 두 부문으로, 기술적인 부문과 경제적인 부문으로 나누어 평가할 수 있다.

기술적인 부문의 가치 평가는 다시 그 기술이 얼마나 우수한 기술인지를 평가하는 기술성과 그 기술의 독점배타적인 정도의 법적 가치를 평가하는 권리성으로 나눌 수 있다.

경제적인 부문의 가치 평가는 외부적인 요소의 경제적 가치를 평가하는 시장성과 그 기술을 활용하여 사업화를 진행할 때 얼마나 내부적으로 역량을 발휘할 수 있는지를 평가할 수 있는 사업성 평가로 나눌 수 있다.

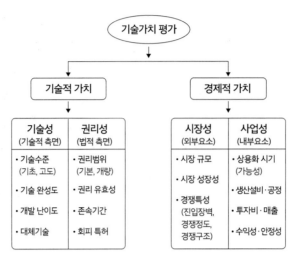

```
                        ┌─────────────┐
                        │  기술가치 평가  │
                        └─────────────┘
                ┌──────────────┴──────────────┐
        ┌─────────────┐              ┌─────────────┐
        │   기술적 가치   │              │   경제적 가치   │
        └─────────────┘              └─────────────┘
```

기술성 (기술적 측면)	권리성 (법적 측면)	시장성 (외부요소)	사업성 (내부요소)

• 기술수준
  (기초, 고도)
	• 권리범위
	  (기본, 개량)
		• 시장 규모	• 상용화 시기
			  (가능성)

• 기술 완성도	• 권리 유효성	• 시장 성장성	• 생산설비·공정

• 개발 난이도	• 존속기간	• 경쟁특성
		  (진입장벽,
		  경쟁정도,
		  경쟁구조)
			• 투자비·매출

• 대체기술	• 회피 특허		• 수익성·안정성

그림 2-4-2 기술가치 평가 요소

다. 기술가치 평가 방법

i) 수익접근법

수익접근법은 그 기술을 적용한 제품 및 서비스를 통하여 ① 미래에 얻을 수 있는 수익을 추정하고 ② 여기에 해당 기술의 공헌도(핵심요인 여부 확인)와 ③ 위험을 반영한 할인율을 적용하여 현재의 가치로 환산한 평가금액을 산출하는 방법이다.

기술이전 라이센싱 계약과 로열티 협상에서 가장 많이 활용되는 평가 방법이나 기술의 미래 가치 추정에 대한 불확실성과 주관적 평가 가능성에 대한 한계의 단점을 갖고 있다.

ii) 시장접근법

시장접근법은 평가에 해당되는 동등 또는 유사기술이 과거에 시장에서 형성되었던 거래가격을 기준으로 현재의 기술가치를 평가하는 방법이다. 따라서 거래정보가 불충분하여 관련 자료 수집이 어려운 경우 평가의 신뢰도가 떨어지고 거래정보가 없는 신기술의 경우에는 거래가격의 기준이 없어 사용이 어려운 단점이 있다.

iii) 비용접근법

비용접근법은 그 기술을 획득하는데 소요되는 필요한 비용을 산출하여 그 기술의 가치를 대체 평가하는 방법이다. 이것은 합리적인 경제원칙 하에서는 어떤 기술을 얻기 위하여 소요된 비용보다 그 누구도 해당 기술을 얻기 위하여 실제적으로 더 많은 비용을 지불하지 않는다는 데에 근거를 두고 있다.[1]

3. 지식재산과 금융

가. 기술금융이란?

아이디어 발상에 의해 만들어진 훌륭한 발명들이 상품화되어서 성공하기까지는 단계마다 많은 자금이 소요된다.

아무리 기술력이 뛰어나도 필요한 적기에 자금을 공급받지 못한다면 '죽음의 계곡'과 '다윈의 바다'를 극복하지 못하고 사업화에 실패하게 된다.

'죽음의 계곡'은 사업화에 이르지 못하고 사장되는 기술의 장애물을 말하며, '캐즘'은 어렵사리 사업화에는 이르렀으나 대중화되지 못하고 사라지는 기술의 장애물을 말한다. '다윈의 바다'는 극한 경쟁의 바다에서 제품의 차별화를 실현하지 못해 시장에서 살아남기 어려운 과정을 말한다.

이와 같은 문제점을 해결하기 위하여 지식재산 경영의 토대 위에 우수기술 사업화를 성공적으로 이끌고 미래유망 신사업을 지속적으로 창출하기 위하여 기술을 기반으로 필요한 자금을 조달하는 행위가 기술금융이다.

---

1 이영덕, 기술사업화 전략과 제도, 도서출판 두남, 2014, p.229

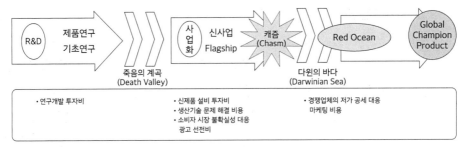

그림 2-4-3 기술금융의 중요성-죽음의 계곡과 다윈의 바다

나. 기술금융의 유형

기술금융의 유형은 일반적으로 기업이 자금을 조달하는 방법과 자금을 공급하는 주체에 따라서 몇 가지 유형으로 분류된다.

자금을 조달하는 방법에 따라서는 ① 기업이 직접 자금을 조달하는 직접금융과 ② 기업과 자금 공급자 사이에 은행이나 보험사 등 중개인을 두고 간접적으로 조달하는 간접금융으로 나뉜다.

직접금융으로 자금을 조달하는 방법은 다시 회사채 증서와 주식 증권 발행으로 구분할 수 있다. 회사채는 타인자본으로 차입금과 같이 외부로부터 조달한 부채이다. 그러나 주식을 발행하여 자금을 조달하는 방법은 자기자본으로 부채는 아니지만 소유주지분 또는 주주지분의 변동을 가져오게 되므로 지배구조의 변화가 생길 수 있다.

간접금융은 은행 등과 같은 금융 중개인이 예·적금, 신탁 등의 방법으로 모은 자금을 자금 수요자인 기업에게 대출 등의 형식으로 제공하는 것이다.

자금을 공급하는 주체에 따라서는 ① 정책금융, ② 보증금융, ③ 일반금융으로 분류할 수 있다.

정책금융은 정부에서 출연·보조금(연구관리 전담기관)이나 융자금(정책자금 전담기관) 형태로 자금을 지원한다.

보증금융은 보증기관이 담보없이 기술 혹은 신용을 평가하여 보증서를 발급한다. 기업의 경우에는 보유한 기술을 보증기관이 평가한 후 보증서를 발급하면 기업은 이를 은행에 제시하고 자금을 대출(보증부 대출)받는 형식이다.

일반금융은 시중은행으로부터의 융자를 통한 대출과 벤처캐피털, 사모펀드 (PEF) 등을 통한 투자 형태로 자금을 지원받을 수 있다.

정부에서 출자하여 조성된 자금의 모태펀드는 한국벤처투자(주)에서 벤처캐피털의 창업투자조합에 출자하면 중소·벤처기업을 육성하기 위하여 이를 유망기술을 보유하고 있는 기업에 투자하는 형식으로 운영된다.

이밖에 민간투자에 의한 기술금융으로 사모펀드, 엔젤 등의 투자에 의한 자금 조달 방법이 있다.[2]

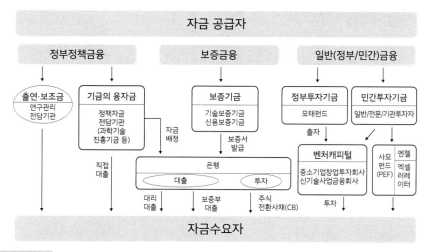

그림 2-4-4 기술금융 시장의 구조   출처: 여인국, 기술사업화 이론과 실제, 학현사, 2013, p.33 재구성

---

2 여인국, 기술사업화 이론과 실제, 학현사, 2013, pp.29~33

특허침해 분쟁 대응 전략

1. 특허침해자에 대한 대응

가. 공격적 특허 활동

기업에서 특허를 바라보는 눈이 지금과 같이 재산권으로 인식하기까지는 많은 로열티(수업료)를 지불하며 시간이 필요하였다.

초창기에는 이윤을 추구하는 국내기업의 입장에서 보면 특허에 소요되는 출원·등록·유지 금액은 전부 비용이었다. 당연히 지식재산권 창출 활동이 위축될 수밖에 없는 환경이었다. 이를 제도적으로 보완하기 위하여 '장기선급금'이라는 회계계정으로 처리함에도 불구하고 특허 활동은 Profit과는 관계없는 개념이었다. 이때까지만 해도 기업의 특허출원 목적이 주로 방어적인 목적의 출원이 대부분이었다.

그러나 미국에서는 훨씬 이전부터 소비자를 보호하는 '반독점'보다는 국가적으로 산업과 기술을 보호하려는 움직임이 우위에 서면서 '독점배타적' 권리를 보호하는 'Pro - Patent(친특허주의)' 시대가 열리게 되었다.

이 시대의 미국 특허분쟁의 특징은 ① 특허권자의 승소율이 압도적으로 급격하게 증가하여 1982년 미국 연방순회항소법원(CAFC: Court of Appeals for the Federal Circuit) 설립 전의 30%에서 2000년대 초반 70%까지 육박하였다. 이렇게 특허권자의 승소율이 높아지다 보니 ② 선소송 후협상 전략의 경향이 뚜렷해

졌고, ③ 불공정무역행위에 관한 조사와 관련하여 상대국과의 협상, 보복조치 등을 집행하는 미국 무역대표부(USTR: Office of the United States Trade Representative)를 활용하여 국가적 정책 차원에서 특허권자를 지원하였다.

따라서 서비스산업이 발달한 미국에서는 자본과 기술이 결합하여 지식재산권을 무기로 일본과 한국의 기업을 상대로 공격적인 특허활동으로 수익을 창출하였으며, 이후 또 다른 비즈니스 모델(NPE: 제3절에서 소개)로 발전하였다.

이제는 한국의 기업도 수많은 특허침해 소송에서 경험을 통하여 깨닫고 배워 비로소 '전략특허'의 개발과 함께 'Patent Engineer'의 활동으로 돈이 되는 **공격적 특허 활동**'을 하게 되었다.

나. 특허침해 감시 활동

공격적 특허 활동의 출발은 자사의 특허권리를 타사가 제품에서 사용하는지를 모니터링하고 평가하는 특허침해 감시 활동을 통하여 이루어진다.

이와 같은 활동을 조금 더 구체적으로 기업에서 실제 실무적으로 활용하고 있는 특허경영 공격 Skill을 소개하면 아래와 같다.

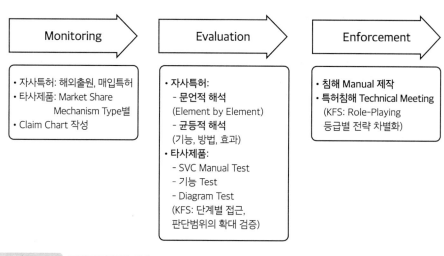

그림 2-4-5 특허경영 공격 Skill

다. 특허권 침해 대응 활동

자신의 특허권을 특허침해 감시활동을 통해 타인이 침해하고 있는 사실을 발견하게 되면 두 가지 상황에서 대응 방안을 마련할 수 있다.

i) 특허 출원 중인 경우

특허법 제61조에 따라서 우선심사를 청구하여 특허등록을 빨리 받도록 한다. 또한 경고장을 발송하여 손해배상 기간을 특허등록 이전으로 앞당겨 손해배상 금액을 늘리도록 한다.

ii) 특허 등록 후인 경우

경고장을 발송하여 특허침해자의 의도를 파악하고 지속적으로 침해가 일어날 경우 고의 침해에 대한 징벌적인 손해배상의 부담을 지우게 한다.

특허분쟁 해결을 위한 협상과 함께 협상에서의 우월적 지위 확보를 위하여 심판·소송전략도 병행하여 진행할 수 있다.

심판·소송으로는 ① 적극적 권리범위확인심판 ② 특허침해금지 청구 소송 ③ 손해배상 청구 소송 ④ 특허침해금지 가처분 소송 등이 있다.

2. 특허침해 주장에 대한 대응

가. 특허침해 주장 대응 절차

특허침해 주장에 대해서는 대부분 특허권자로부터 경고장을 접수하여 시작하게 된다.

경고장을 수령 후 실제로 기업에서 일어나는 실무적인 측면의 대응 절차를 소개하면 다음과 같다.

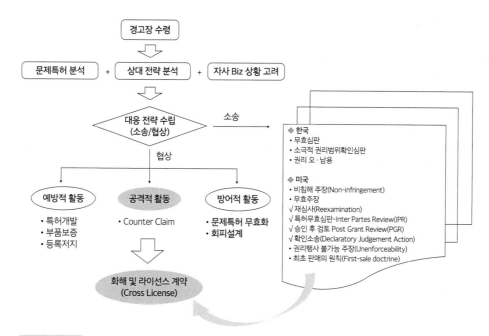

그림 2-4-6 특허침해 분쟁 대응 process

나. 특허침해 주장의 검토

경고장을 접수하면 기업에서는 통상적으로 먼저 대응팀을 구성하게 된다. 대응팀은 특허부문을 중심으로 연구개발부서와 영업부서를 포함하여 조직한다. 특허부서와 연구개발부서는 제일 먼저 문제특허 분석을 하게 되며 특히 특허부서는 상대방의 전략도 분석하는 역할을 하게 된다. 영업부서는 자사의 비즈니스 상황 등을 고려한 정보를 제공하며 각자의 역할분담을 신속하게 진행하여 분쟁에 대응한다.

문제특허 분석 시 자사의 제품 생산국과 수출국에서의 상대방 특허 등록 여부를 우선적으로 필히 확인해야 한다. 이것은 매우 기본적인 사항임에도 불구하고 글로벌 기업인 애플도 중국의 '아이패드' 상표를 매입하는 과정에서 무려 10개국의 아이패드 상표를 매입하면서 정작 거대시장인 중국 본토의 아이패드 상표를 누락시키는 실수를 범하여 큰 대가를 치룬 사례가 있다.

문제특허에 대한 철저한 분석은 향후 대응 전략 수립의 근간이 되는 것으로서 매우 중요한 과정이다.

 경고장의 처리

아래 사항은 기업에서 경고장 접수 후에 실무적으로 수행하는 경고장 처리를 위한 체크 포인트이다.

분석은 철저하게, 회신은 전략적으로!

구분	항목	내용
분석	• 경고장의 요건은 제대로 갖추었는가?	√ 문제특허의 특허번호, 특허침해제품의 특정
	• 경고장의 내용은 철저히 검토했는가?	√ 특허권자의 성향, 의도, 심각성, 요구사항 수용 및 협상가능성
	• 현지대리인의 선임은 필요하지 않은가?	√ 현지 소송 전략 수립과 Patent Troll의 경우
	• Legal Opinion은 확보했는가?	√ 특허변호사의 특허 비침해 감정서
회신	• 잠정적 회신을 활용하라!	√ 검토 및 대응 전략 수립 시간 확보
	• 회신의 서명자는?	√ 회신의 서명자가 대표일 필요는 없다.
	• 회신은 간략하게!	√ 장황한 서술은 장래의 의무 부담만 키운다.
	• 침해관계의 설명과 근거자료를 요구하라!	√ 침해입증 책임으로 부담을 느끼게 하라.

표 2-4-1 경고장 처리 체크 포인트

다. 특허침해 주장에 대한 대응 전략 수립

대응 전략 수립 시에는 소송과 협상의 각 장·단점을 분석하고 실무적으로 몇 가지 사항을 고려하여 검토해야 한다.

① 특허분석 결과로 도출된 무효와 비침해, 권리행사 불가능에 대한 판단이
반드시 법원의 견해와 일치한다는 보장은 없으므로 절대적 신뢰는 금물이다.
② 상대방의 의도를 분석하고 파악하는 것도 중요하다. 즉 시장진입 봉쇄인
가? 혹은 퇴출 의도인가? 목적에 따라 상대방이 수용하기 어려운 태도를
계속 고집할 수 있다.
③ 자사의 내부 비즈니스 상황과 소송비용도 고려하여 소송과 협상의 장·단
점에 따른 대응 전략을 수립해야 한다.

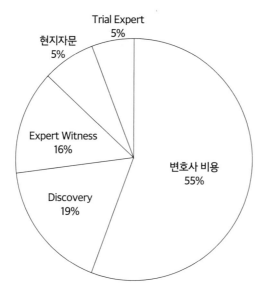

그림 2-4-7 미국 1심 판결까지의 소송비용 구성비   출처: A전자 특허전문가 교육자료 참조

 협상 및 계약서 체크 포인트

계약서에 서명을 완료할 때까지는 협상이 종료된 것이 아니기 때문에
끈기 있게 협상에 임해야 한다.

준비는 철저하게, 협상은 유연하게!

구분	항목	내용
협상	• 협상의 목적과 동기는 무엇인가?	√ 자사 비즈니스를 고려한 협상/소송 장단점 분석
	• 협상 대상자에 대한 조사를 했는가?	√ 기업 정보, 협상 참여자 정보
	• 구체적 협상목표를 설정하였는가?	√ 협상 항목마다 최후의 마진 한도 설정
	• 협상 논리는 설득력 있는가?	√ 논리는 객관적이고 자료는 공정에 기초
계약서	• 기술료	√ 차별적 기술 지불 여부 검토
	• 특허 존속기간?	√ 특허 존속기간을 넘는 로열티 지불 있는지 확인
	• 특허권 오·남용	√ 다른 권리에 의한 특허기술공여 여부 연계 확인
	• 반독점금지법	√ 반독점금지법의 위반 여부 검토

표 2-4-2 협상 및 계약서 체크 포인트

특허 Pool과 표준특허

1. 특허 Pool

가. 특허 Pool 개요

다수의 특허권자들이 각각의 특허권 허여 계약을 특정 대행기관에 맡겨 공동으로 위탁 관리하는 특허권의 집합체를 말한다.

특허 Pool을 활용하여 계약하면 개별 특허에 의한 계약보다 일괄적 계약에 의한 편리함을 장점으로 꼽을 수 있다. 그러나 특허권자의 입장에서 보면 결코 수익적인 측면에서 개별 특허에 의한 계약보다 유리하다고 할 수는 없다. 이는 개별 특허의 가치를 특허권자의 역량에 따라 극대화할 수 있는 기회가 별도로 없기 때문이다.

대신에 개별 특허에 대한 무효화 문제는 거의 발생하지 않아서 안정적인 수익을 기대할 수 있는 이점이 있다.

다음 그림은 특허 Pool의 개념도를 나타낸다.

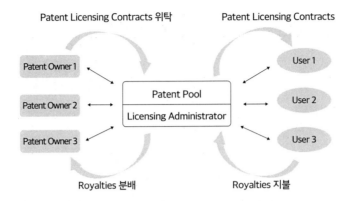

그림 2-4-8 특허 Pool의 개념도

나. 특허 Pool의 구성 단계

특허 Pool은 아래와 같은 단계를 거쳐 선정되어 진행한다.

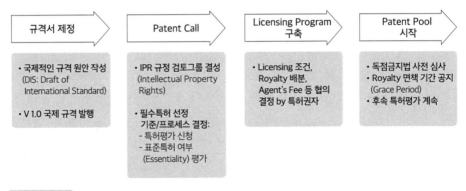

그림 2-4-9 특허 Pool의 구성 단계

가장 중요한 의제인 라이선스 조건은 IPR(Intellectual Property Rights) 그룹에서 결정하는 것이 아니라 필수 특허를 소유한 특허권자들이 결정에 관여하게 된다.

독점배타적인 특허권과 독점금지법은 제도 운영 취지에서 약간의 상이점을 갖고 있다. 특허 Pool 운영 시에 라이선스 조건에 대하여 독점금지법으로 인한 문제가 발생할 소지를 사전에 차단하기 위하여 독점금지법에 대한 사전 심사를 거치는 경우가 있는데 이는 반드시 거쳐야 하는 필수 사항은 아니다.

특허 Pool에 가입하기 위해서는 먼저 평가대상 특허를 지정하여 Licensing 대행기관에 신청을 해야 한다. 그러면 Licensing 대행기관에서 지정한 국가별 평가기관에서 평가대상 특허에 대한 평가를 실시하게 된다. 이때 평가대상 특허의 Claim Chart를 필수특허 선정기준과 비교 분석하여 정합성을 판단하게 된다.

특허 평가 신청	Agent → 평가기관 전달	평가 실시	평가 Report
• MPEG LA Submission letter (최초건 LOI 제출) • VIA 별도의 Statement 제출 • 평가비용 납부 ($5,000~$10,000) - 라이선싱 대행기관별/ 프로그램별 상이	• 국가별 지정 평가기관 (KR, US, EP, JP) - 라이선싱 대행기관별로 정합성 판단 절차는 조금씩 상이	• 평가기관에 Claim Chart 제출 - 필요 시 평가자 대면 Meeting/ Presentation	• 평가 후 Reject 시 Response 제출 가능 - 공식 거절에 대한 횟수 제한/비용납부 경우도 있음 - 제출 후 2~3개월 이후 평가결과 접수

그림 2-4-10 특허 Pool 평가 프로세스   출처: A전자 특허전문가 교육자료 참조하여 재구성

Royalty 배분

특허 Pool의 Royalty 배분 기준을 이해하게 된다면 향후 전략특허 확보를 통해 Royalty 수익을 극대화하는 데 도움이 될 것이다.

일반적으로 특허 Pool에 있어서 Royalty의 배분은

M: 해당 국가 전체 Royalty 수익액

N: 해당 국가 전체 특허 수

P: 해당 업체 특허 수

라고 할 때

P/N x M으로 정해진다.

즉 필수특허를 등록받은 국가 수와 특허 개수가 많을수록 특허 Pool 에서의 Royalty 배분이 많아진다.

이것을 필수특허 확보 전략과 연계하여 살펴보면 ① 제품 판매 매출 액 실적(특허 Pool의 Royalty 수익이 많이 발생하는 국가)을 고려하여 ② 필수 특허 등록 수가 많지 않은 국가를 중심으로 출원 전략을 구사하여 해당 국가에서의 필수특허를 많이 확보한다면 자연히 해당 업체의 특허 수 비 중을 높여 Royalty 배분에 유리할 수 있다.

그리고 필수특허의 등록국가 수와 특허 수를 늘리기 위해서 특허청구 범위의 청구항을 조정하여 나누어 출원하는 방법도 있다.

특허 수를 늘리기 위해서 활용하는 출원전략 중의 하나인 계속출원 (CA: Continuation Application)/분할출원에서도 특허 수를 카운트하는 방 식에서 MPEG LA에서는 계속출원(CA: Continuation Application)/분할출 원을 별도로 인정해 주지만 이전의 DVD의 경우는 모(母)특허와 함께 하 나로 인정하였다. 경우에 따라 계속출원(CA: Continuation Application)/분 할출원을 일정 수로 제한하는 경우도 있으니 라이센싱 대행기관별로 확 인해 볼 필요가 있다.

 특허 Pool 종류

아래 그림은 현재까지의 대표적인 특허 Pool의 종류와 신사업 영역의 확대에 따라 새롭게 등장하는 특허 Pool을 나타낸 것이다.

라이선싱 대행기관	주요 특허 Pool 기술	주요 특허권자
MPEG LA	HEVC, DisplayPort, MPEG-2, ATSC, AVC/H.264, MVC, VC-1, MPEG-4 Visual, MPEG-2 Systems, 1394, Librassay, MPEG-4 Systems	애플, 프라운호퍼, MS, 삼성, LG 등
Via Licensing	Advanced Audio Coding(AAC), AGORA-C, Digital Radio Mondiale, LTE, MPEG Surround, MPEG-2 AAC, MPEG-4 SLS, OCAP tru2way, 802.11(a-j)	MS, 필립스, ZTE, 삼성, LG, SKT 등
Sisvel International	MPEG Audio, DVB-T, DVB-T2, ATSS, WSS, TOPteletext, DECT, H.264 SVC, LTE/LTE-A, Wi-Fi, Wireless, Telemetry, DSL, DVB-C2	오렌지, 필립스, 노키아, LG, ETRI 등

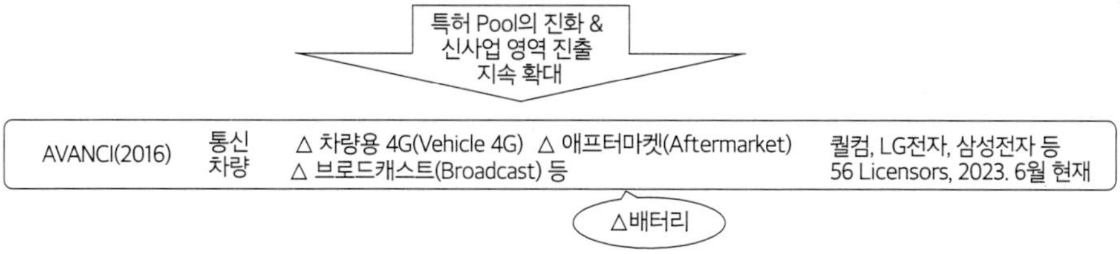

특허 Pool의 진화 &
신사업 영역 진출
지속 확대

AVANCI(2016)	통신 차량	△ 차량용 4G(Vehicle 4G) △ 애프터마켓(Aftermarket) △ 브로드캐스트(Broadcast) 등	퀄컴, LG전자, 삼성전자 등 56 Licensors, 2023. 6월 현재

△배터리

그림 2-4-11 대표적인 특허 Pool 종류 출처: 특허청, 표준특허 길라잡이 2.0 p.95 참조하여 재구성

2. 표준특허

가. 표준화 개념

표준(Standard)이란 '제시된 상황에서 최적의 질서를 달성하기 위해 일반적이고 반복적인 용도의 규칙, 지침'으로 '공익의 최대 진흥을 목적으로 하며, 확고한 과학적, 기술적 및 경험적 결과에 근거하는 것이 좋다.'라고 사전적 의미를 설명하고 있다.

또한 표준화는 '표준을 설정하고 이것을 활용하는 조직적 행위'로 '주로 물품의 종류, 등급, 모양, 치수, 품질, 설계방법, 제조방법, 시험방법, 포장방법 등 물품에 직접·간접으로 관계되는 기술적 사항에 대하여 정한 표준, 즉 규격(technical standard)을 기초로 한 것을 의미한다.'라고 설명하고 있다.[3]

우리가 이렇게 표준화 활동을 하는 목적은 '공공의 이익을 위하여 생산, 소비, 유통 등 여러 분야에 있어서 능률증진 및 경제성 향상을 통해, 제품의 품질 개선

---

3 국가기술표준원, e나라표준인증 표준용어사전(https://standard.go.kr/KSCI/dictionary)

과 생산 능률의 향상, 상거래의 단순화 및 공정화의 형태로 그 효과를 보기 위한 것'이다.[4]

나. 표준화 종류 및 과정

표준의 종류는 표준화에 참여하는 범위에 따라서 국제표준, 지역표준, 국가표준, 단체표준 등으로 나눌 수 있고 표준화의 주체에 따라 분류하여 공식적 표준과 사실상 표준으로 구분할 수 있다. 공식적 표준은 표준을 강제하는 표준화 기관이 공식적으로 존재한다. 그러나 사실상 표준은 시장에 참여하는 관련기업들의 이해관계와 시장의 점유율에 의하여 표준이 자연스럽게 형성되는 구조이다.

표준화의 주체에 따라 분류한 표준의 특징에서 공식적 표준은 표준을 제정하는 것이 무엇보다 중요한 반면에 사실상 표준에서는 관련기업들의 이해관계에 따른 사업화 성공이 우선이기 때문에 시장의 점유율에 따라서 표준이 형성되는 것이 구별되는 특징이다.

이를 정리하여 도표로 간략히 나타내면 아래와 같다.

참여범위에 따른 분류		표준화 주체에 따른 분류	
국제표준	국제 표준화 기구(ISO), 국제전기통신연합(ITU), 국제 전기 표준회의(IEC)	공식 표준 (de jure standard)	공식 표준화 기관에서 제정한 표준 (MPEG 등) - 표준화 기관이 강제함
지역표준	유럽전기통신표준협회(European Telecommunication Standards Institute) 아태전기통신표준화 포럼(ASTAP)		

---

4 국가기술표준원, e나라표준인증(https://standard.go.kr/KSCI/standardIntro/standardView.do)

국가표준	KS(Korean Industrial Standards) ANSI(AMERICAN NATIONAL STANDARDS INSTITUTE)	사실상 표준 (de facto standard)	시장에서 이해관계자(관련기업)로 구성된 Forum(DVD forum 등)
단체표준	한국정보통신기술협회(TTA) 전신전화기술위원회(TTC)		- 시장 점유율, 참여 기업수

표 2-4-3 표준화 종류   출처: A전자 특허전문가 교육자료 참조하여 재구성

 표준화 과정

표준화 과정은 표준화 기구마다 제정 절차가 조금씩 상이하다. 아래 도표는 일반적인 표준화 절차를 ISO에 적용하여 설명한 절차이다.

일반 절차	프로젝트 단계	표준화 내용	비고
① 제안	제안 단계	표준화기구에 자사의 기술을 반영하기 위한 표준화 항목을 제안	New Work Item Proposal(12주 이상)
② 초안 작성	작성 단계	관련 기술위원회에서 표준 초안을 검토, 기술위원회는 제안된 기술을 비교/검토 또는 제안기술을 수정하여 기술적으로 최선의 표준 초안 개발	기술위원회의 WG[Working Group]에서 작업초안 작성 (12개월 이상)
③ 심의	위원회 단계	기술위원회 차원의 합의를 통한 표준안 도출(합의가 이루어지지 못한 경우 단계 2로 회부)	회원들의 투표 및 의견수렴을 거쳐 CD[Committee Drafts] 마련(약 16주 이상)
④ 의견 수렴	조회 단계	사무국에서 표준화기구의 모든 회원에게 표준안을 공개하여 의견청취, 특별한 이견이 없는 경우 최종표준안으로 확정 (이견이 있는 경우 단계2~3을 반복)	국제표준원안 DIS[Draft International Standard(ISO)](약 12주 이상)

⑤ 채택	승인 단계	모든 회원이 최종표준안에 대하여 투표하고, 승인된 경우 표준채택(부결된 경우 단계2~4를 반복)	최종 국제표준안 FDIS[Final Draft International Standard](약 12주 이상)
⑥ 발행	발행 단계	표준화기구에서 표준 발행 표준화기구의 정책에 따라 표준을 유료 또는 무료로 배포	국제표준 IS[International Standard] 인쇄 및 배포

표 2-4-4   표준화 과정

출처: 특허청, 표준특허 길라잡이 2.0 p.18~19 참조하여 재구성
(ICT 표준 활용 정석, 한국정보통신기술협회, 2015 국제표준화 쉽게 따라잡기, 한국표준협회, 2015.12.15)

다. 표준특허 정의와 표준특허 확보

표준특허란 표준기술을 구현하기 위해서 반드시 사용해야만 하는 특허이다. 그림으로 설명하면 아래와 같이 어떤 특허의 최소한 하나의 Claim이 규격서에 의해 그대로 읽히는(read on) 특허를 말한다.

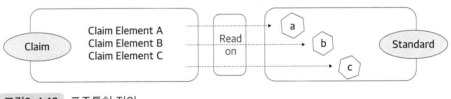

그림2-4-12   표준특허 정의

이러한 표준특허를 확보하는 활동은 크게 두 가지로 나누어 볼 수 있다. 첫 번째는 표준화 활동과 연계하여 특허를 확보하는 활동이고, 두 번째는 표준특허를 발굴하는 활동이다. 즉 표준화 활동의 결과물이 아닌 많은 '비표준특허군'으로부터 표준특허를 발굴하는 활동이다. 실제로 현업 실무에서 조사해 보면 특허 Pool에 진입한 많은 특허들이 '비표준특허'들이었다. 비표준특허군에서 표준특허를 확보하는 활동은 해당 규격서와 자사의 관련특허 Portfolio를 얼마나 잘 숙지하고 있는지의 Patent Engineer의 역량에 의하여 많이 좌우된다.

표준화 활동과 연계된 특허 확보

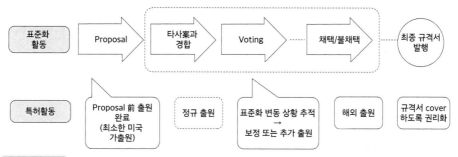

그림 2-4-13 표준화 활동 연계 특허 확보 　　　출처: A전자 특허전문가 교육자료 참조 재구성

 표준특허 발굴 활동

그림 2-4-14 표준특허 발굴 활동 　　　출처: A전자 특허전문가 교육자료 참조 재구성

제4절

NPE(Non Practicing Entity)

1. NPE 정의

NPE(Non Practicing Entity)는 일반적으로 특허를 실시하지 않으면서 침해 가능성이 있는 기업을 상대로 소송 위협 또는 제기를 통하여 막대한 금전적 이득을 챙기는 사업자이다.

우리나라에서는 이를 통칭 특허관리전문회사로 부르고 있다. 이전에는 특허괴물(Patent troll)로도 불리어졌으나 부정적인 이미지가 강하다는 비판에 따라 중립적인 용어로 바뀌게 되었다.

공정거래위원회에서는 「독점규제 및 공정거래에 관한 법률」의 행정규칙으로 「지식재산권의 부당한 행사에 대한 심사지침」을 마련하여 시행 중에 있다. 이 지침에서는 NPE에 대한 정의를 '특허기술을 이용하여 상품의 제조·판매나 서비스 공급은 하지 아니하면서 특허를 실시하는 자 등에 대한 특허권의 행사를 통하여 수익을 창출하는 것을 사업활동으로 하는 사업자'로 정의하고 있다.

NPE는 연구 개발자들에게 이윤을 창출해주고 적절한 보상이 돌아가게 해주는 긍정적인 측면도 있으나 무분별한 소송의 남발로 특허시스템과 신규 기술개발 그리고 시장에 광범위한 위협이 된다는 부정적인 측면도 함께 갖고 있는 것이 사실이다.

기업들에게 특허분쟁의 증가는 미래의 불확실성을 증가시키는 장애요인이 될 수 있다.

2. NPE의 유형

NPE는 시간이 흐르면서 여러 유형의 비즈니스 모델로 진화하며 변형 발전하고 있다.

기업들은 NPE의 공격적인 특허소송으로부터 벗어나서 안정적인 기업 활동을 영위하기 위하여 위협이 될 만한 특허들을 특허권자로부터 먼저 사들여 공격적 NPE로부터 벗어나려는 방어적 NPE들을 등장시켰다.

여기에 한 걸음 더 나아가 방어적인 목적의 특허관리도 수행하면서 특허권 행사를 통한 수익도 노리는 유형의 NPE도 등장하게 되었다.

NPE 유형	특성
공격적 NPE(Aggressive NPE)	제품은 생산하지 않고 타사(제조기업 혹은 개인)의 특허권을 전략적으로 양수하여, 특허 라이센싱을 통한 수익창출을 특허의 주 활용 목적으로 그 기술을 이용하고 있는 생산자를 상대로 특허를 주장
방어적 NPE(Defensive NPE)	공격적 NPE와 같이 특허를 매집 및 풀링하는 것은 유사하나 활용목적이 공격적 NPE활동으로 기업이 처하는 어려움을 사전에 차단하기 위해 특허권을 매입하여 특허권 행사
융합형 NPE(Salvage NPE)	모기업인 제조업체가 자사의 비즈니스 방어 및 특허 수익 강화를 목적으로 자회사를 설립하여 특허권 행사

표 2-4-5 NPE 유형　　　　출처: 특허청, NPE 동향 연차보고서 2015, p.12 참조 재구성

3. NPE에 대한 대응 방안

특허법은 이 법의 목적(제1조)에서 '발명을 보호·장려하고 그 이용을 도모함으로써 기술의 발전을 촉진하여 산업발전에 이바지함을 목적으로 한다.'라고 밝히고 있다.

그러함에도 불구하고 기술과 사회의 발전에 따라 특허권의 독점배타적인 지위를 상업적으로 과도하게 남용하여 오히려 산업발전에 역행하며 선순환의 경제구조를 흔드는 사례도 발생하고 있다.

NPE가 지식재산권 제도의 근본 취지를 벗어나는 유형으로 진화한다면 당연히 이러한 NPE는 규제의 대상이 되어야 한다.

국내에서는 NPE의 특허권 남용행위로 공정거래위원회에서 ① 과도한 수수료 부과, ② FRAND(Fair, Reasonable And Non-Discriminatory) 조건의 적용 부인, ③ 부당한 합의, ④ 부당한 특허소송 제기 및 소송제기 위협 등에 대하여 지침을 개발하여 법적 판단 근거를 마련하고 있다.

공격적 NPE의 가장 큰 문제점 중의 하나는 제품을 생산하고 있지 않기 때문에 Counter Claim이나 Cross License 등의 사업적 해결이 불가능한 점이다.

시장에서 특허권의 과도한 상업적 남용 제한과 발명을 보호·장려하려는 본래의 취지를 살릴 수 있는 절충점 모색이 필요하다.

경제활동에서 윤리적으로 인간의 욕심이 절제될 수 있다면 방어적 NPE와 융합적 NPE 정도 유형으로의 진화는 시장에서 어느 정도 감내하고 허용될 수 있을지는 모르겠다.

NPE에 대한 실무적인 대응으로는 일반적인 특허분쟁과 마찬가지로 주요 NPE들이 보유하고 있는 특허들에 대한 사전 분석을 통해 회피설계 혹은 무효화 전략 등을 수립할 수도 있을 것이며 또한 NPE의 소송사건의 내용 분석을 통해 소송전략을 파악하여 대응할 수도 있을 것이다.

III

부록: 재미있는 지식재산권 이야기

- 상표
- 저작권
- 디자인

상표

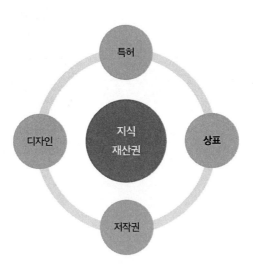

상표 제도의 이해

1 상표의 기능과 일반적 등록 요건

2 상표 출원 및 심사절차

3 상표 및 상품의 동일·유사

4 상표권 및 상표권자의 보호

5 상표 관련 기타 문제

1. 상표의 기능과 일반적 등록 요건

구 분	내 용
기 능	자신의 상품과 타인의 상품 식별기능
	출처를 표시하는 기능
	품질을 보증하는 기능
	광고와 선전 기능
	브랜드의 가치를 나타내는 재산적 기능
일반적 등록요건	상표로 등록되기 위해서는 우선 **식별력**을 가져야 함
식별력 없는 상표	1) 상품의 보통명칭 2) 관용표장 3) 기술적 표장 4) 현저한 지리적 명칭, 그 약어 또는 지도 5) 흔한 성 또는 명칭 6) 간단하고 흔히 있는 표장 7) 기타 식별력이 없는 표장

◎ 브랜드 전략 수립의 중요성

▪ 사용에 의한 **식별력** 취득 전략

✔ 농심 '새우깡' 사례

- 삼양식품이 식별력 無 - 무효 주장

- 새우(원재료를 나타내는 성질표시 표장 + 깡(관용적 사용의 표장)

- 대법원은 농심이 오랜 기간 사용하며(1971년 출시) 적극적으로 홍보하여 소비자에게 농심의 상표로 인식시켜 널리 알려졌기 때문에 '사용에 의한 식별력'을 확보했다고 농심의 손을 들어 줌

출처: http://www.saewookkang.com/main/index

◎ 소비자의 인식 정도가 높아감에 따라
   식별력 있는 정도의 수준을 넘어
   유명상표, 주지저명상표

◎ 보통명사화 되는 것을 막아라.!!

2. 상표 출원 및 심사절차

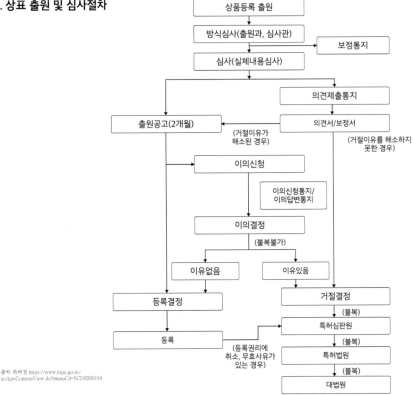

3. 상표 및 상품의 동일·유사

◎ 상표 유사판단의 3요소

- 외관(시각적 요인)의 유사
- 호칭(청각적 요인)의 유사
- 관념(지각적 요인)의 유사

◎ 식별기능-식별력 ➡ 등록여부 판단

◎ 출처표시 기능-출처혼동 ➡ 유사 개념 도입-침해여부 판단

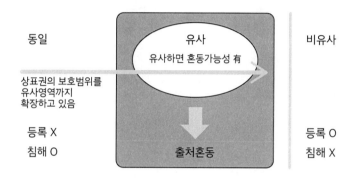

◎ 상표 기능 - 출처표시 - 출처혼동 - 유사 개념

사례:

GS그룹이 미국 랜도사에 의뢰해 확정한 기업 이미지 (CI, Corporate Identity)

GS그룹이 특허청에 상표등록출원을 신청한 후

가구 수출업체 삼이실업이 GS그룹 로고가 자사 것과 유사하다며 특허청에 이의신청을 내면서 논란이 불거짐

▲ 위쪽이 GS그룹의 로고, 아래쪽이 삼이실업의 로고

출처: https://commons.wikimedia.org/
삼이그룹 홈페이지 http://samegroup.co.kr

4. 상표권 및 상표권자의 보호

◎ 상표분쟁 - 악어의 대결, 누가 진짜 악어인가?

 프랑스, 1933

 VS

 싱가폴, 1947

출처: https://commons.wikimedia.org/
Public domain

출처: https://www.facebook.com/crocodileinternational.korea

> 상표권은 **설정 등록**에 의하여 발생하며,
> **상표권자**가 지정상품에 관하여 등록상표를 **독점적으로 사용**할 수 있는 **적극적 효력**과
> **타인의 무단 사용을 금지**할 수 있는 **소극적 효력**으로 구성된다.

5. 상표관련 기타문제

◎ 진정상품 병행수입의 상표권 침해문제

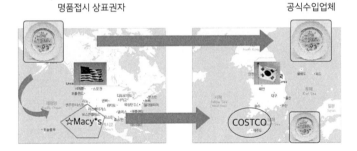

명품접시 상표권자   공식수입업체

☆Macy's   COSTCO

이러한 병행수입에서 어떠한 상표권 침해 문제가 발생 하는가?

- 대법원은 **진정상품 병행수입이 허용되는 요건으로 두 가지를** 제시함.
  이러한 요건을 만족하는 경우 해당 수입상품은 등록상표권을 침해하지 않는다고 봄.
  (대법원 2005. 6. 9 선고 2002다61965 판결)

(1) 누가 상표를 부착했는가?
  외국의 상표권자 또는 정당한 사용권자가 그 **수입된 상품**에 상표를 부착했을 것

(2) 동일한 출처의 상표인가?
  그 외국 상표권자와 국내 상표권자가 같거나 밀접한 관계가 있어서 그 **수입 상품**에
  부착된 **상표가 국내 등록상표**와 동일한 출처를 표시한다고 볼 수 있을 것

◎ 트레이드 드레스(Trade Dress)

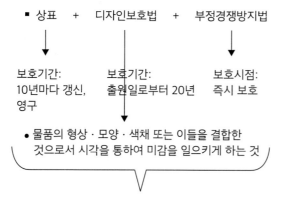

- 상표   +   디자인보호법   +   부정경쟁방지법

보호기간: 보호기간: 보호시점:
10년마다 갱신,   출원일로부터 20년   즉시 보호
영구

• 물품의 형상 · 모양 · 색채 또는 이들을 결합한
  것으로서 시각을 통하여 미감을 일으키게 하는 것

- 트레이드 드레스(Trade Dress):

✔ 모양, 색채, 크기, 포장, 판매기법 등 상품이나 서비스의 특징적인 외형과
  고유한 이미지를 보호…
✔ 상표와 디자인보호법, 부정경쟁방지법을 복합적으로 활용해 효과적으로 보호

저작권

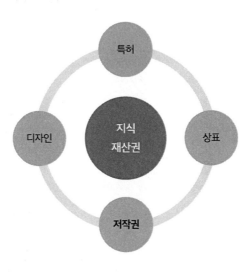

저작권 제도의 이해

1. 저작권 개요

◎ 권리종류로서의

◎ 보호대상인

◎ 저작물 창작자

◎ 특허: 기술적 사상의 창작-고도 수준

◎ 저작권: 저작물 보호

- 저작물: (인간)사상, 감정을 표현한 창작물

✔ 음악(소리-청각), 미술(색-시각), 문학(언어)…

2. 저작물

◎ 침팬지 콩고가 그린 작품 – 사례를 통한 저작물의 이해

침팬지가 그린 추상화 3점 2600만원에 팔렸다

침팬지가 그린 추상화 3점이 2005년 6월 20일(현지시간)
영국의 한 경매장(Bonhams)에서
2만5620달러(약 2600만원)에 팔렸다.
그런데, 스페인 화가 파블로 피카소(Pablo Picasso)도
콩고의 그림을 선물로 받은 후 작업실 벽에 걸었다고 한다.

이런 침팬지의 작품이
과연 저작물로
인정받을 수 있는지?

출처: https://en.wikipedia.org/wiki/Congo_(chimpanzee)
침팬지 콩고그림
동물의 창작물에는 저작권이 無

◎ 저작물의 개념

- 저작물은 인간의 사상 또는 감정을 표현한 창작물이기 때문에

✔ 인공지능(AI)에 의한 콘텐츠는 아직 저작권법상의 보호대상 저작물이 아니다.
✔ 창작성은 수준이 낮아도 남의 것을 보고 베끼지 않은 정도이면 충분하다.
✔ 캐릭터의 저작물성 인정 판례

◎ 저작물의 개념

- 저작권법은 표현된 저작물을 보호하는 것이지 아이디어 그 자체는 보호대상이 아니다.

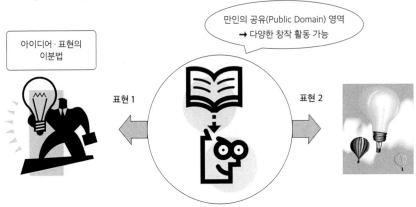

◎ 2차적 저작물

- 원저작물을 **번역 · 편곡 · 변형 · 각색 · 영상제작** 그 밖의 방법으로 작성한 창작물을 **2차적 저작물**이라고 함

- 2차적 저작물은 원저작물과 별도로 독자적인 저작물로서 보호됨

- 영국의 소설가 조앤롤링 (J.K. Rowling)의 **원작소설** 해리포터를 영화로 제작한 경우 **영화 해리포터는 2차적 저작물**임 [2차적 저작물과 2차적 저작물 작성권의 관계]

출처: https://commons.wikimedia.org/, by 1march1hare (CC BY-SA), Ank Kumar (CC BY-SA)

◎ 편집저작물

- 편집저작물은 편집물로서 그 **소재의 선택·배열** 또는 **구성**에 **창작성**이 있는 저작물

- 일반적으로 공중에 널리 알려진 **속담**이나 **유머**는 인류의 **공동 문화 재산**에 속함

- **속담, 유머들을 일정한 주제 등 기준에 따라 선별**하고 **배열**하여 창작성이 인정된다면
  이러한 저작물은 **편집저작물**로 보호될 수 있음

3. 저작자

◎ 저작자의 개념

- **저작자**란 저작물을 **창작한 사람**을 말함

- 저작물을 창작한 사람이 **누구인지를 알기 어려운 경우가 있기 때문에** 저작권법은 아래의
  어느 하나에 해당하는 자를 그 저작물에 대한 저작권을 가지는 저작자로서 추정한다

1	• 저작물의 원본이나 그 복제물에 저작자로서의 **실명** 또는 **이명**(예명·아호·약칭 등)으로서 널리 알려진 것이 일반적인 방법으로 **표시된 자**(저작권법 제8조 제1항 제1호)
2	• 저작물을 공연 또는 공중 송신하는 경우에 저작자로서의 **실명** 또는 저작자의 널리 알려진 **이명으로서 표시된 자**(저작권법 제8조 제1항 제2호)
3	• 위의 항 각 호의 어느 하나에 해당하는 저작자의 표시가 없는 저작물의 경우에는 발행자·공연자 또는 공표자로 표시된 자가 저작권을 가지는 것으로 추정 (저작권법 제8조 제2항)

❖ 창작자 / 저작자 / 저작권자

◎ 업무상 저작물의 저작자

저작권법 제9조	법인 등의 명의로 공표되는 업무상 저작물의 저작자는 계약 또는 근무규칙 등에 다른 정함이 없는 때에는 그 법인 등이 된다.

❖ Case Study

◆ 작성자가 명기된 경우
(서울민사지법 1995. 4. 28 선고 94가합50354)

▪ 법인 등이 발행자로 명시되었더라도 작성자가 명기되었다면 ?

▪ 저작권법 제 9조 단서의 기명저작물에 해당되며 그 저작권도 작성자가 가진다고 보아야 한다.

◆ 시험지 표제문구로 당해 학교의 명칭이 기재되어 있는 경우
  - 사립고등학교 교사들이 출제한 교내 중간 · 기말고사 시험문제
  (서울중앙지법 2006. 10. 18 선고 2005가합73377 판결)

▪ 사립고등학교 교사들이 출제한 교내 중간 · 기말고사 시험문제가 시험지 중 일부에 **해당 시험을 특정하는 시험지 표제문구로 당해 학교의 명칭이 기재되어** 있기는 하나, 이는 출제자가 임의로 해당 시험을 특정하기 위하여 표시한 것으로 **저작권의 귀속주체를 표시하였다고 보기 어려운 점** 등에 비추어 위 시험문제를 저작권법 제9조의 **단체명의 저작물로 볼 수 없고,** 그 저작권은 **출제자로 시험지에 기명된 교사들에게 귀속한다.**

4. 저작권

◎ 저작권의 종류

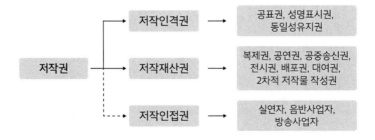

◎ 저작인격권

- 저작자의 인격을 보호하고자 하는 측면에서 주어지는 **일신 전속성** 권리

1) 공표권 (제11조)	• 저작자가 그의 저작물을 **공표하거나 공표하지 아니할 것을 결정할 권리** (제1항) • 저작자가 공표되지 아니한 저작물의 저작재산권을 양도 또는 이용허락을 한 경우에는 그 상대방에게 저작물의 공표를 동의한 것으로 추정 (제2항)
2) 성명표시권 (제12조)	• 저작자는 저작물의 원본이나 그 복제물에 또는 저작물의 공표 매체에 그의 **실명 또는 이명을 표시하거나 표시하지 않을 권리**를 가짐 (제1항) • 저작물을 이용하는 자는 그 저작자의 특별한 의사표시가 없는 때에는 저작자가 그의 실명 또는 이명을 표시한 바에 따라 이를 표시하여야 한다. (제2항)
3) 동일성 유지권 (제13조)	• 저작자는 그의 **저작물의 내용 · 형식 및 제호의 동일성을 유지할 권리**를 가짐 (제1항)
4) 명예권	• 저작자의 **명예를 훼손하는 방법으로 저작물을 이용하는 것을 금지하는 권리** (제14조 제2항) 저작인격권의 일신전속성, (제127조 명예회복 등의 청구)

◎ 저작재산권

복제권	• 저작자는 그의 저작물을 복제할 권리를 가짐 (제16조) (인쇄 · 사진촬영 · 복사 · 녹음 · 녹화 그 밖의 방법에 의하여 유형물에 고정하거나 유형물로 다시 제작하는 것)
공연권	• 저작권자는 자신의 저작물을 **공연할 권리**를 가짐 (제17조) (저작물 또는 실연 · 음반 · 방송을 상연 · 연주 · 가창 · 구연 · 낭독 · 상영 · 재생 그 밖의 방법으로 공중에게 공개하는 것 - 백화점 스피커 음악)
공중송신권 (방송권/전송권/ 디지털음성 송신권)	• 저작자는 그의 저작물을 공중송신할 권리를 가짐 (제18조) • **방송(동시에), 전송(개별적), 디지털음성송신**을 전부 포괄하는 개념
전시권	• 저작권자는 미술저작물 등 (미술저작물, 사진저작물, 건축저작물)의 원본이나 그 복제물을 **전시할 권리**를 가짐 (제19조)
배포권	• 저작자는 저작물의 원본이나 그 복제물을 배포할 권리를 가짐, 다만, 저작물의 원본이나 그 복제물이 해당 저작재산권자의 허락을 받아 판매 등의 방법으로 거래에 제공된 경우에는 그러하지 아니함 (제20조) (판매된 저작물은 구매자가 배포권을 가짐-저작자의 배포권 제한)
대여권	• 저작자는(제20조 단서에도 불구하고) **상업용 음반**이나 **상업적 목적으로 공표된 프로그램을 영리를 목적으로 대여할 권리**를 가짐 (제21조) • 돌려 받는 것을 전제로 빌려줄 권리 (**저작자 대여권 o / 구매자 대여권x**)
2차적 저작물 작성권	• 저작권자는 그의 저작물을 원저작물로 하는 **2차적 저작물을 작성하여 이용할 권리**를 가짐 (제22조)

◎ 저작인접권의 개념

- 저작인접권이란 저작물을 해석하고 전달하는 사람에게 부여되는 권리

- 저작권법상 저작인접권자는 실연자, 음반제작자, 방송사업자가 있음

◎ 저작권과 텔레비전 프로그램 포맷

인쇄기술의 발달
→ 복제

영국의 존로크(1632~1704)
→ 저작자의 저작권 보호 주장

1710년 세계 최초의 저작권법
'앤 여왕법' 탄생

인쇄업자의 권리
→ 창작자의 권리
(현대 저작권의 기초 마련)

IT 기술의 발달

- 게임쇼 포맷
- 리얼리티 서바이벌 포맷
- 오디션 포맷(K-POP스타)

→ 포맷과 저작권

(포맷 비즈니스)

2014년 강소위성 TV
'개그콘서트/웃찾사' Copy

2004년 CCTV
MBC '러브하우스'
KBS '도전! 골든벨' 포맷 수입

2011년 말 후난위성 TV
MBC '나는 가수다' 포맷 수입

To 중국
MBC
우결/아빠 어디가/진짜 사나이

KBS
1박2일/불후의 명곡

SBS
일요일이 좋다/K팝스타/런닝맨

http://www.yonhapnews.co.kr/bulletin/2018/04/23/0200000000AKR20180423167100797.HTML?input=1195z

◎ 저작권과 소유권

◎ 저작권(재산권) – 초상권 – 퍼블리시티권

- 퍼블리시티권의 명문화 – 인격표지영리권 신설을 위한
  민법 개정안 입법예고
  (2022. 12. 26. 법무부)

디자인

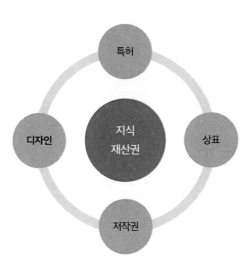

디자인 제도의 이해

1	디자인의 개요, 출원 및 심사절차
2	디자인의 성립요건 및 등록요건
3	디자인권의 내용
4	디자인보호법상 특유제도

1. 디자인의 개요, 출원 및 심사절차

◎ 디자인제도의 개요

- **디자인의 정의**

  물품(물품의 부분 및 글자체를 포함)의 **형상·모양·색채** 또는 이들을 결합한 것으로서 시각을
  통하여 미감을 일으키게 하는 것

  형상: **공간을 점유하는 윤곽** (image)
  모양: **외관에 나타나는 선과 색에 의한 구분** (shape)
  색채: **빛**에 의한 물체의 성질

- **디자인제도의 특징**

  - 디자인은 물품과 **불가분의 관계**
  - 미적 외관에 대한 권리로 특허와 달리 기술적 사상이 아니어서 **모방이 용이**
  - 상대적으로 **권리범위가 협소함**
  - 거래상 **수명이 짧음**

◎ 출원 및 심사 절차

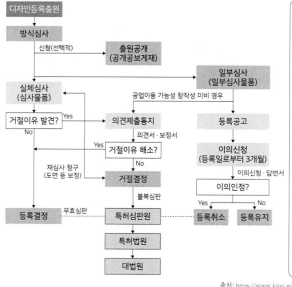

- 출원: 디자인등록출원서 및 도면 준비

- 심사: 방식심사 / 실체심사

- 심사관은 디자인보호법상 일부심사 (무심사)등록출원에 대해서는 디자인의 실체적인 내용에 대해서는 심사하지 않음 (신속한 권리획득과 활용을 위하여)

- 디자인일부심사등록출원서에 첨부된 구비서류가 구비되었는지의 여부와 디자인의 부등록사유에 해당하는지 여부에 대해서만 심사

- 심사등록출원에 대해서는 실체적인 내용에 대해서도 심사

출처: https://www.kipo.go.kr/ko/kpoContentView.do?menuCd=SCD0200156

2. 디자인의 성립요건 및 등록요건

◎ 디자인의 성립요건

- 디자인의 성립요건에는 **물품성, 형태성, 시각성, 심미성**이 있음

NO	항목	내용
1	물품성	**독립거래가 가능한 구체적인 물품**으로서 유체동산을 원칙으로 함 -예외적 물품성 인정: 조립가옥, 글자체 -부분디자인 도입: 물품의 부분, 물품의 액정화면 표시부에 **일시적으로 구현**되는 도형 -물품이 다른 예: 자동차와 장난감 자동차
2	형태성	**형상·모양·색채**란 물품의 외관에 관한 디자인의 **형태성의 요소**를 말하는 것으로서 물품은 유체동산이므로 글자체를 제외하고 **형상이 결합되지 않은 모양 또는 색체만의 디자인 및 모양과 색채의 결합디자인은 인정되지 아니함**
3	시각성	**육안으로 식별 가능한 것**을 대상으로 함
4	심미감	해당 물품으로부터 **미(美)를 느낄 수 있도록** 처리되어 있는 것

◎ 디자인의 등록요건

항목	내용
신규성	신규성 상실: ① 출원전 공지되었거나 공연실시된 디자인 ② **간행물에 게재**된 디자인 ③ **전기통신회선**을 통해 공중이 **이용가능**하게 된 디자인 ④ 이들에 유사한 디자인
창작 비용이성	① 디자인등록출원 전에 **국내 또는 국외에서 공지(公知)**되었거나 **공연(公然)히 실시**된 디자인 · 디자인등록출원 전에 **국내 또는 국외에서 반포된 간행물에 게재**되었거나 **전기통신회선을 통하여 공중(公衆)이 이용**할 수 있게 된 디자인 또는 이들의 결합 ② **국내 또는 국외에서 널리 알려진 형상·모양·색채** 또는 이들의 결합
공업상 이용가능성	공업적 생산방법에 의하여 **동일한 물품을 양산**할 수 있는 디자인 '동일한 물품을 양산할 수 있는 디자인'이란 물리적으로 완전히 같은 물품을 양산할 수 있는 디자인이어야 하는 것은 아니고, 그 디자인 분야에서 통상의 지식을 가진 사람이 그 지식을 기초로 합리적으로 해석하였을 때 **같은 물품으로 보여질 수 있는 수준의 동일성을 가진 물품을 양산**할 수 있는 디자인을 의미
선원주의	동일 또는 유사한 디자인에 대하여 **최선 출원자만이** 디자인등록가능

무심사등록출원된 디자인에 대해서는 빠른 권리화를 위해 **디자인 성립요건, 공업상 이용가능성** 및 **부등록사유** 등만을 심사하여 디자인을 등록시킴

3. 디자인권의 내용

◎ 존속기간

- 디자인권의 존속기간은 (설정등록한 날부터 발생하여) **디자인등록 출원일 후 20년** 되는 날까지 존속한다. (디자인보호법 제91조)

- 유사디자인권의 존속기간은 기본디자인권의 존속기간과 동일

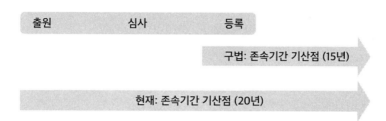

◎ 디자인권의 효력

- 디자인권자는 업으로서 **등록디자인** 또는 이와 **유사한 디자인**을 실시할 권리를 독점 (제92조)

- **디자인의 유사 여부**는 물품의 유통과정에서 일반 **수요자가 혼동할 가능성이** 있는지 여부로 판단

물품 형태	동일물품	유사물품	**비유사물품**
형상, 모양, 색체 (동일)	동일디자인		비유사 디자인
형상, 모양, 색체 (유사)		유사디자인	비유사 디자인
형상, 모양, 색체 (비유사)	비유사 디자인		

① "동일물품"이란 용도와 기능이 동일한 것

　"용도"란 물품이 실현하려는 사용목적, 「기능」이란 용도를 실현할 수 있는 구조·작용 등을 말함

② "유사물품"이란 용도가 동일하고 기능이 다른 것을 말함 (예) '볼펜'과 '만년필'

③ 비유사물품인 경우에도 용도상으로 혼용될 수 있는 것은 유사한 물품으로 볼 수 있음

　"혼용"이란 용도가 다르고 기능이 동일한 물품을 용도를 바꿔서 사용하는 것을 말함

　(예) "수저통"과 "연필통"

출처: https://www.kipo.go.kr/ko/kpoContentView.do?menuCd=SCD0200156

◎ 디자인권의 효력의 제한

　■ 효력이 미치지 않는 범위
　　- 연구 혹은 시험
　　- 실시권에 의한 제한
　　- 저작권, 특허권, 디자인권 사이의 이용 · 저촉관계에 의한 제한
　■ 글자체 디자인권의 효력제한
　　- 출판, 인쇄 등 일반 사용자의 사용을 방해하지 않도록 그 효력을 제한

4. 디자인 보호법상 특유제도

◎ 디자인일부심사[이전의 무심사] 등록 제도 (제2조 제6호)
◎ 관련디자인 [유사디자인]제도 (제35조)
◎ 복수디자인 등록출원 제도 (제41조)
◎ 한 벌 물품 디자인 제도 (제42조)
◎ 비밀디자인 제도 (제43조)
◎ 부분디자인 제도 - 1디자인(물품의 부분의 1형태도 1디자인에 포함) 1출원주의 (제40조)
◎ 화상디자인

참고 문헌 및 자료

I 부 / 창의적 사고

제1장

- 문화재청 국가문화유산 포털 https://www.heritage.go.kr/
- 한국민족문화대백과 한국학중앙연구원
- 나종필, '[나종필의 동물의 왕국-2] (37) 지구상에서 가장 오래 살아남은 동물은?', 펫페이퍼 (http://www.petpaper.co.kr), 2022. 12. 23., (Originally from Live Science, December 12, 2022)
- 서원극, '은행나무 3억 년 전에도 있었다?', 소년한국일보, 2022. 10. 18.
- https://commons.wikimedia.org/
- 박영택, 창의발상론, 한국표준협회미디어, 2016
- 박재환, 어느 과학자의 생명이야기, 쿰란출판사, 2012
- Gabriel Ruiz and Natividad Sánchez, 'Wolfgang Köhler's the Mentality of Apes and the Animal Psychology of his Time', Published online by Cambridge University Press: 28 October 2014
- WOLFGANG KOHLER, The Mentality of Apes,
  LONDON, KEGAN PAUL, TRENCH, TRUBNER & CO, LTD
  NEW YORK : HARCOURT, BRACE AND COMPANY
  (https://archive.org/details/in.ernet.dli.2015.187610)
- BBC 방송, 올빼미는 어떻게 정숙비행을 하는가? - Experiment! How Does An Owl Fly So Silently? | Super Powered Owls | BBC
  (https://www.youtube.com/watch?v=d_FEaFgJyfA) (https://commons.wikimedia.org/wiki/File:Loneared_owl.tif)
- 뉴스웨이, [카드뉴스] 네티즌이 뽑은 우리나라 최고의 발명품, 2017. 5. 21.
- Drew Boyd and Jacob Goldenberg, Inside the Box, 2013 (이경식 옮김, 틀안에서 생각하

기), 책읽는 수요일, 2014
- Kevin Ashton, How to Fly a Horse: 'The Secret History of Creation, Invention, and Discovery', Doubleday. (이은경 옮김, 창조의탄생) 북라이프, 2015
- Boden, Margaret A. (1994). "What Is Creativity?" In Dimensions of Creativity, edited by Margaret A. Boden. Cambridge, MA: MIT Press, 1996
- Ronald A. Finke, Creative Imagery: Discoveries and inventions in Visualization, Psychology Press, 2014
- 제품에서 Fan의 형상 :
  https://www.ziehl-abegg.com/en/product-range/ventilation-systems
- 매일경제, '물에 뜨는 국자' 런던서 주목, 2009. 4. 10.
- ontobiz.tistory.com〉 떠다니는-백조-국자, 2018. 5. 12.
- 경북일보 - 굿데이 굿뉴스(http://www.kyongbuk.co.kr), 2012. 7. 26
- 2015년 대전테크노파크 발명경진대회
- 한국경제 2014년 최고의 발명품, 2014. 12. 22.
- R. Horowitz (1999), 'Creative Problem Solving in Engineering Design' for the degree of 'Doctor of Philosophy' to the Senate of the TEL-AVIV University
- 나눔과 기술, 적정기술: 36.5도의 과학기술
- 1리터의 빛: http://tv.naver.com/v/320683
- 특허청 공식 블로그: https://blog.naver.com/kipoworld2/222473405530
- Creative Design Methodology and the SIT Method
  (곡선 파이프 속의 옥수수 문제)
  [Roni Horowitz and Oded Maimon (Tel-Aviv University, Israel)
  Proceedings of DETC'97: 1997 ASME Design Engineering Technical Conference, Sept. 14-17, 1997, Sacramento, California]
  https://www.osaka-gu.ac.jp/php/nakagawa/TRIZ/eTRIZ/epapers/eHorowitz000307.html
- 국제트리즈협회 한국교육센터 https://mtckr.com/overview

제2장

- 특허정보검색 서비스 www.kipris.or.kr
- 특허청·한국발명진흥회, 지식재산의 이해, 박문각, 2018
- 한국지식재산서비스협회, 지식재산(IP)정보 검색의 이해, 2017
- 매일경제, '삼성 패배 결정적 증거는 구글 이메일', 2012. 8. 27.
  (https://www.mk.co.kr/news/business/5273409)

- https://unsplash.com/ko/
- Feel the Rhythm of Korea -이날치밴드 (https://www.youtube.com/watch?v=3P1CnWI62lk)
- 숙명 가야금 연주단 (https://www.youtube.com/watch?v=PPZdbcw3Tzc)
- https://www.mk.co.kr/news/business/view/2012/08/540885/ 매일경제 2012. 8. 27.
- 특허청·한국발명진흥회, 이공계를 위한 특허의 이해(2), 박문각, 2012
- 특허청·한국발명진흥회, 이공계를 위한 특허의 이해(1), 박문각, 2011
- 손승우, 지식재산권법의 이해, 도서출판 동방문화사, 2016
- 송상엽, 지식재산 스타트, ㈜넥서스, 2014
- 송호신·박창욱, 지식재산권의 이해, 주식회사 한올출판사, 2017

제3장

- 조재신, 지식재산의 이론과 실전, 인피니티북스, 2015
- Kevin Ashton, How to Fly a Horse: 'The Secret History of Creation, Invention, and Discovery', Doubleday. (이은경 옮김, 창조의탄생) 북라이프, 2015
- 윤상원, 실전으로 배우는 발명·특허, 한빛아카데미(주), 2014
- 특허청·한국발명진흥회, 지식재산권입문, 성민, 2007
- 박영택, 창의발상론, 한국표준협회미디어, 2016
- (사)한국트리즈협회 (www.triz.or.kr)
- pixabay.com
- 한국발명진흥회 지식재산 인력양성사업 종합정보
- 미국특허 등록번호 05472139 (등록일 1995. 12. 5)
- Meaghan Haire, 'A Brief History of The Walkman', Time Magazine, 2009. 7. 1.
- Kerry J. Byrne of Foxnews, 'Meet the American who invented the TV remote control: self-taught Chicago engineer Eugene Polley, Published January 6, 2023
- https://www.sitsite.com/method/existing-situation/
  https://www.sitsite.com/method/virtual-product/
- Drew Boyd and Jacob Goldenberg Inside the Box, 2013 (이경식 옮김, 틀안에서 생각하기), 책읽는 수요일, 2014
- William Xu, '5 KEY STRATEGIES FOR DRIVING INNOVATION', GloCoach, Dec 2020
- kbs 뉴스, 무세제 세탁기 논란, 2001. 10. 17
  (https://news.kbs.co.kr/news/pc/view/view.do?ncd=250191)
- 전자신문, 세제 필요없는 세탁기 등장, 2001. 10. 10
  (https://www.etnews.com/200110090159)

- 경북일보, 세제 없는 세탁기, "세계 표준됐다", 2008. 6. 11
  https://www.kyongbuk.co.kr/news/articleView.html?idxno=208071
- R. Horowitz (2001), From TRIZ to ASIT(How Rony Horowitz invented ASIT from TRIZ) (https://www.triz40.com/aff_TRIZ_to_ASIT.php)
- R. Horowitz (1999), 'Creative Problem Solving in Engineering Design' for the degree of 'Doctor of Philosophy' to the Senate of the TEL-AVIV University
- CNN BUSINESS, 레드닷 어워드: 젊은 디자이너들이 일상 사물의 미래를 상상합니다. 2014. 12. 29.
- Mahmood Saberi, gulfnews 'Burj Dubai is the height of success', April 19, 2008
- 신문은, [재미있는 과학] 고층 빌딩들이 만드는 초강풍… '벤투리 효과' 때문이래요. 2020. 10. 8.
- https://en.wikipedia.org/wiki/Burj_Khalifa#cite_note-2
- https://newsteacher.chosun.com/site/data/html_dir/2020/10/06/2020100603325.html
- 김달훈, '500여 앱으로 시작해 180만 개까지', 애플, '서드파티 앱의 성장' 보고서 발표, https://www.ciokorea.com/t/34/모바일/231924, 2022. 4. 11.
- Lyn Gardner, 'The amazing Mr Musicals', Guardian, Thu 24 Jan 2008 (https://www.theguardian.com/stage/2008/jan/24/theatre.musicals)
- EBS 동영상, 카멜레온, 2008. 10. 21 (http://terms.naver.com/entry.nhn?docId=2447231&cid=51642&categoryId=51644)
- 위키피디아 (https://ko.wikipedia.org)
- https://dornob.com/easy-drink-45-degree-plastic-bottle-cranes-neck-for-refills/
- Ronald A. Finke, Creative Imagery: Discoveries and inventions in Visualization, Chapter 4 Creative Inventions in Imagery, Psychology Press, 2014. 2. 25., pp.39~45
- The Roots of the Function Follows Form FFF Principle (https://www.sitsite.com/method/function-follows-form/)
- 시원스쿨 - 누가 나의 고객인가? (https://www.siwonschool.com)

II부 / 지식재산 – 특허의 창출·보호·경영

제1장

- https://commons.wikimedia.org
- '기업가치 = 무형자산' 시대가 온다… 무형가치 비중 급증, IP Daily, 2021. 2. 21.

- VISUAL CAPITAL LIST DATASTREAM, 'TANGIBLE vs INTANGIBLE ASSETS', (Source: Ocean Tomo Intangible Asset Market Value Study)
- 한국은행 '무형경제의 부상: 무형자산의 역할 및 시사점' BOK 이슈노트 No 2020-3 (2020. 4. 3.)
- 안태규, '[기업법률리그 35] 퍼블리시티권의 명문화 - 인격표지영리권 신설을 위한 민법 개정안 입법예고', 디지털데일리, 2023. 8. 22.

제2장

- 특허청 https://www.kipo.go.kr/ko/kpoContentView.do?menuCd=SCD0200111
- 대한민국법원 종합법률정보 https://glaw.scourt.go.kr/wsjo/intesrch/sjo022.do
- 법제처 국가법령정보센터 https://www.law.go.kr/LSW/makeMain.do

제3장

- 특허청, 지식재산의 이해, 박문각, 2018
- 대한민국법원 종합법률정보 https://glaw.scourt.go.kr/wsjo/intesrch/sjo022.do
- 법제처 국가법령정보센터 https://www.law.go.kr/LSW/makeMain.do
- 특허심판원 https://www.kipo.go.kr/ipt/iptContentView.do?menuCd=SCD0400072
- https://commons.wikimedia.org
- 특허청·한국발명진흥회, 이공계를 위한 특허의 이해(2), 박문각, 2012
- 특허청, 사례중심의 지식재산경영매뉴얼, 2008. 9. 30.

제4장

- 이영덕, 기술사업화 전략과 제도, 도서출판 두남, 2014
- 여인국, 기술사업화 이론과 실제, 학현사, 2013
- A전자 특허전문가 교육자료
- 특허청, 표준특허 길라잡이 2.0
- ICT 표준 활용 정석, 한국정보통신기술협회, 2015
- 국제표준화 쉽게 따라잡기, 한국표준협회, 2015. 12. 15.
- 권재열, 기술이전·사업화 촉진법, 한국지식재산연구원, 2012
- 국가기술표준원, e나라표준인증 표준용어사전

(https://standard.go.kr/KSCI/dictionary)

· 국가기술표준원, e나라표준인증
  (https://standard.go.kr/KSCI/standardIntro/standardView.do)

· 특허청, NPE 동향 연차보고서 2015

색인

저자 소개

유 태 방

저자는 대학과 대학원에서 전자공학과 지식재산권법을 전공하였다.

실무적으로는
LG전자에 근무하면서 본사와 연구소 그리고 일본의 Tokyo지사 주재, 미국의 Washington, Birch, Stewart, Kolasch & Birch, LLP(BSKB) law firm 파견 근무 등을 통하여 특허개발과 소송 및 글로벌 분쟁협상, 기술계약 등 지식재산권과 관련한 다양한 분야의 업무를 경험하였다.

그 후 한국특허전략개발원 전문위원을 거쳐
배재대학교에서 기술이전센터장 보직을 맡으며 대학의 무형자산 활용과 성과창출을 위하여 노력하였다. 그리고 학생들과 동행하며 그들의 입장에서 연구하며 강의하였다.

창의적 사고와 지식재산

초판발행   2024년 2월 29일
지은이   유태방
펴낸이   안종만·안상준

편   집   장유나
기획/마케팅   정연환
표지디자인   권아린
제   작   고철민·조영환

펴낸곳   (주) **박영사**
             서울특별시 금천구 가산디지털2로 53 210호(가산동, 한라시그마밸리)
             등록 1959.3.11. 제300-1959-1호(倫)
전   화   02)733-6771
f a x   02)736-4818
e-mail   pys@pybook.co.kr
homepage   www.pybook.co.kr
ISBN   979-11-303-4613-7   93360

정 가   22,000원